Conferencias sobre la fe
Lectures on Faith

Traducción al español

junto con la

Restoration Edition del texto original en inglés

Spanish Language Translation

together with the

Restoration Edition of the Original English Text

Paperback ISBN 9781951168667
Hardcover ISBN 9781951168674

©2020 Restoration Scriptures Foundation
All Rights Reserved

Tabla de contenido

Table of Contents

Traducción en español 5

Explicación de esta edición...5

Prefacio 7

CONFERENCIA PRIMERA...9

CONFERENCIA SEGUNDA 17

CONFERENCIA TERCERA 45

CONFERENCIA CUARTA...55

CONFERENCIA QUINTA..63

CONFERENCIA SEXTA..71

CONFERENCIA SÉPTIMA..75

Apéndice: Cronología de los Patriarcas..85

Restoration Edition of the Original English Text 87

Explanation of this Edition 87

Preface 89

LECTURE FIRST..91

LECTURE SECOND 99

LECTURE THIRD...127

LECTURE FOURTH 137

LECTURE FIFTH..145

LECTURE SIXTH 153

LECTURE SEVENTH 157

Appendix: Chronology of the Fathers 167

Traducción en español

Explicación de esta edición

Conferencias sobre la fe se publicó por primera vez en el año 1835 en el libro de Doctrina y Convenios y se volvió a publicar en el año 2019 con puntuación actualizada como parte de la Restoration Edition de las escrituras, que se puede encontrar en línea en:

>https://scriptures.info

Las citas de las escrituras dentro del texto incluyen la cita original utilizada en la edición de 1835, junto con citas de la Restoration Edition de las escrituras, que se notan con corchetes, como en [Gén. 3:15].

Esta traducción fue preparada por un grupo de voluntarios dedicados a preservar la restauración del evangelio de Jesucristo, lo cual fue comenzado por José Smith, hijo.

Se pueden enviar comentarios a:

>info@restorationarchives.com

Prefacio

Un prefacio a Doctrina y Convenios de 1835 escrito el 17 de febrero de 1835, y firmado por los cuatro miembros del comité que compilaron el volumen.

A los miembros de la iglesia de los Santos de los Últimos Días —

Queridos Hermanos:

Consideramos que es innecesario entretenerles con un largo prefacio al siguiente volumen, sino simplemente decir que contiene, en resumen, los elementos principales de la religión que hemos profesado creer.

Se encontrará que la primera parte del libro contiene una serie de conferencias impartidas ante una clase de teología en este lugar, y como consecuencia de que abarcan la importante doctrina de la salvación, las hemos organizado en la siguiente obra.

La segunda parte contiene elementos o principios para la regulación de la iglesia, tomados de las revelaciones que se han dado desde su organización, así como de las anteriores.

Puede haber una aversión en la mente de algunos contra recibir cualquier cosa que pretenda ser artículos de fe religiosa, como consecuencia de que existen tantos en la actualidad; pero si los hombres creen en un sistema, y profesan que fue dado por inspiración, ciertamente, cuanto más inteligiblemente puedan presentarlo, mejor. No hace que un principio sea falso al imprimirlo, ni tampoco hace que sea cierto al no imprimirlo.

La iglesia, viendo este tema como importante, designó por medio de sus siervos y delegados, el sumo consejo, sus servidores para seleccionar y compilar esta obra. Se podrían aducir varias razones a favor de esta acción del consejo, pero sólo agregamos unas pocas palabras. Ellos sabían que se hablaba mal de la iglesia en muchos lugares — su fe y creencia se tergiversaban, y el camino de la verdad por lo tanto se subvertía. Algunos la representaban como incrédula de la Biblia, otros como enemiga de todo buen orden y rectitud y otros como perjudicial para la paz de todos los gobiernos, civiles y políticos.

Por lo tanto, nos hemos esforzado por presentar, aunque en pocas palabras, nuestra creencia; y cuando decimos esto, confiamos humildemente en la fe y los principios de esta sociedad como un cuerpo.

No presentamos este pequeño volumen con ninguna otra expectativa que la que debamos ser llamados a responder a cada principio avanzado, en ese día en que sean revelados los secretos de todos los corazones, y se le dé la recompensa del trabajo de cada hombre.

Con sentimientos de estima y respeto sincero, nos suscribimos como sus hermanos en los lazos del evangelio de nuestro Señor Jesucristo.

JOSÉ SMITH, hijo.
OLIVER COWDERY.
SIDNEY RIGDON.
F. G. WILLIAMS.

Kirtland, Ohio, 17 de febrero de 1835.

TEOLOGÍA

CONFERENCIA PRIMERA

De la fe

1. La fe, siendo el primer principio en la religión revelada, y el fundamento de toda rectitud, necesariamente reclama el primer lugar en un curso de conferencias que están diseñadas para desplegar a la comprensión la doctrina de Jesucristo.

2. Al presentar el tema de la fe, observaremos el siguiente orden:

3. Primero, la fe misma — lo que es,

4. En segundo lugar, el objeto sobre el que descansa, y

5. En tercer lugar, los efectos que fluyen de ella.

6. De acuerdo con este orden primero tenemos que mostrar qué es la fe.

7. El autor de la epístola a los hebreos, en el undécimo capítulo de esa epístola, y el primer versículo, [Heb. 1:36], da la siguiente definición de la palabra fe:

8. Ahora bien, la fe es la sustancia (certeza) de las cosas que se esperan, la evidencia de las cosas que no se ven.

9. De esto aprendemos que la fe es la certeza que los hombres tienen de la existencia de las cosas que no han visto y el principio de acción en todos los seres inteligentes.

10. Si los hombres se consideraran a sí mismos debidamente, y dirigieran sus pensamientos y reflexiones a las operaciones de sus propias mentes, descubrirían fácilmente que es la fe, y sólo la fe, lo que es la causa impulsora de toda acción en ellos; que sin ella, tanto la mente como el cuerpo estarían en un estado de inactividad y todos sus esfuerzos cesarían, tanto físicos como mentales.

11. ¿Si esta clase volviera atrás y reflexionara sobre la historia de sus vidas, desde el período de su primer recuerdo, y se preguntaran qué principio los motivó a actuar, o qué les dio energía y actividad en todas sus legítimas aficiones, llamamientos y actividades, cuál sería la respuesta? ¿No sería que era la seguridad que teníamos de la existencia de cosas que aún no habíamos visto? ¿No fue la esperanza que tenían, como consecuencia de su creencia en la existencia de cosas invisibles, lo que les estimuló a la acción y al esfuerzo para obtenerlas? ¿No dependen de su fe, o creencia, para la adquisición de todo conocimiento, sabiduría e inteligencia? ¿Se esforzarían por obtener sabiduría e inteligencia a menos que creyeran que podrían obtenerlas? ¿Habrían sembrado alguna vez si no hubieran creído que cosecharían? ¿Habrían plantado alguna vez si no hubieran creído que recogerían? ¿Habrían preguntado alguna vez a menos que hubieran creído que recibirían? ¿Habrían buscado alguna vez a menos que hubieran creído que habrían encontrado? ¿O habrían llamado alguna vez a menos que hubieran creído que se les habría abierto? En una palabra, ¿hay algo que habrían hecho, ya sea físico o mental, si no hubieran creído previamente? ¿No son todos sus esfuerzos, de todo tipo, dependientes de su fe? ¿O no podemos preguntar, qué tienen, o qué poseen, que no hayan obtenido por causa de su fe? Su comida, su ropa, su alojamiento ¿no son todos ellos por causa de su fe? Reflexionen y pregúntense si estas cosas no son así. Dirijan sus pensamientos a sus propias mentes y vean si la fe no es la causa impulsora de toda acción en ustedes mismos; y si la causa impulsora en ustedes, ¿no lo es en todos los otros seres inteligentes?

12. Y como la fe es la causa impulsora de toda acción en los asuntos temporales, también lo es en lo espiritual; porque el Salvador ha dicho, y eso verdaderamente, que el que crea y sea bautizado será salvo (Marcos 16:16) [Marcos 8:6].

13. Como recibimos por la fe todas las bendiciones temporales que recibimos, de la misma manera, recibimos por la fe todas las bendiciones espirituales que recibimos. Pero la fe no es sólo el principio de la acción, sino también del poder, en todos los seres inteligentes, ya sea en el Cielo o en la tierra. Así dice el autor de la epístola a los hebreos, 11:3 [Heb. 1:36]:

14. Por la fe entendemos que los mundos fueron formados por la palabra de Dios, de modo que lo que se ve fue de lo que no se veía.

15. Por esto entendemos que el principio de poder que existía en el seno de Dios, por el cual los mundos fueron formados, era la fe, y que es por causa de este principio de poder que existe en la Deidad que todas las cosas creadas existen — de modo que todas las cosas en el Cielo, en la tierra, o debajo de la tierra, existen por causa de la fe, como existía en él.

16. Si no hubiera sido por el principio de la fe, los mundos nunca habrían sido formados, ni el hombre se habría formado del polvo — es el principio por el cual Jehová obra y por el cual él ejerce poder sobre todas las cosas temporales, así como Eternas. Quítenle este principio o atributo (porque es un atributo) a la Deidad y él dejaría de existir.

17. ¿Quién no puede ver que si Dios formó los mundos por la fe, que es por la fe que él ejerce poder sobre ellos y que la fe es el principio del poder? ¿Y que si el principio de poder, debe ser así tanto en el hombre como en la Deidad? Este es el testimonio de todos los escritores sagrados y la lección que han estado tratando de enseñar al hombre.

18. El Salvador dice: Mateo 17:19, 20 [Mat. 9:7], al explicar la razón por la que los discípulos no pudieron echar fuera al demonio, que fue por su incredulidad: Porque de cierto os digo, dijo él, si tuviereis fe como un grano de mostaza, diréis a este monte: ¡Pásate de aquí allá! — y se pasará; y nada os será imposible.

19. Moroni, mientras resumía y compilaba los anales de sus padres, nos ha dado el siguiente relato de la fe como principio de poder: él dice, en la página 563 [Éter 5:3], que fue la fe de Alma y Amulek lo que hizo que los muros de la prisión se partieran, según se encuentra registrado en la página 264 [Alma 10:11]; que fue la fe de Nefi y Lehi lo que hizo que se obrara un cambio en el corazón de los Lamanitas cuando fueron bautizados con el espíritu santo y fuego, como se ve en la página 421 [Hel. 2:25]; y que fue por la fe que el

monte de Zerin fue apartado cuando el hermano de Jared habló en el nombre del Señor. Véase también la página 565 [Éter 5:6].

20. Además de esto se nos dice en Hebreos, 11:32,33,34,35 [Heb. 1:49], que Gedeón, Barac, Sansón, Jefté, David, Samuel y los profetas, por la fe conquistaron reinos, hicieron justicia, alcanzaron promesas, taparon bocas de leones, apagaron fuegos impetuosos, evitaron filo de espada, sacaron fuerzas de debilidad, se hicieron fuertes en batallas, pusieron en fuga a ejércitos extranjeros y que las mujeres recibieron a sus muertos resucitados a la vida de nuevo, etc.

21. También, Josué, en presencia de todos los israelitas, ordenó que el sol y la luna se detuvieran, y fue hecho (Josué 10:12) [Josué 2:19].

22. Aquí entendemos que los escritores sagrados dicen que todas estas cosas fueron hechas por la fe. Fue por fe que los mundos fueron formados: Dios habló, el caos oyó, y los mundos entraron en orden por causa de la fe que había en él. Así también con el hombre: él habló por fe en el nombre de Dios y el sol se detuvo, la luna obedeció, las montañas se apartaron, las prisiones se derribaron, las bocas de leones se taparon, el corazón humano perdió su enemistad, el fuego su violencia, los ejércitos su poder, la espada su terror y la muerte su dominio, y todo esto por causa de la fe que había en él.

23. ¡Si no hubiera sido por la fe que había en el hombre, podrían haber hablado al sol, a la luna, a las montañas, a las prisiones, a los leones, al corazón humano, al fuego, a los ejércitos, a la espada o a la muerte en vano!

24. La fe, entonces, es el primer gran principio gobernante que tiene poder, dominio y autoridad sobre todas las cosas: por ella existen, por ella se sostienen, por ella se cambian o por ella permanecen, de acuerdo con la voluntad de Dios. ¡Sin ella no hay poder, y sin poder no podría haber creación, ni existencia!

Preguntas y respuestas sobre los principios anteriores

25. Pregunta 1: ¿Qué es la teología?

Respuesta: Es esa ciencia revelada que trata del ser y los atributos de Dios, sus relaciones con nosotros, las dispensaciones de su providencia, su voluntad con respecto a nuestras acciones y sus propósitos con respecto a nuestro fin (Buck's Theological Dictionary, página 582).

26. Pregunta 2: ¿Cuál es el primer principio en esta ciencia revelada?
R: La fe (¶1).

27. Pregunta 3: ¿Por qué la fe es el primer principio en esta ciencia revelada?
R: Porque es el fundamento de toda rectitud. Hebreos 11:6 [Heb. 1:38]: Sin fe es imposible agradar a Dios. 1 Juan 3:7 [1 Juan 1:14]: Hijitos, nadie os engañe; el que hace justicia es justo, así como él (Dios) es justo (¶1).

28. Pregunta 4: ¿Qué orden debe seguirse para presentar el tema de la fe?
R: Primero, se debe mostrar qué es la fe (¶3);
En segundo lugar, el objeto sobre el que descansa (¶4); y
En tercer lugar, los efectos que fluyen de ella (¶5).

29. Pregunta 5: ¿Qué es la fe?
R: Es la certeza de las cosas que se esperan, la evidencia de las cosas que no se ven (Hebreos 11:1) [Heb. 1:36]. Es decir, es la certeza que tenemos de la existencia de cosas que no se ven. Y siendo la certeza que tenemos de la existencia de cosas que no se ven, debe ser el principio de acción en todos los seres inteligentes. Hebreos 11:3 [Heb. 1:36]: Por la fe entendemos que los mundos fueron formados por la palabra de Dios (¶¶8, 9).

30. Pregunta 6: ¿Cómo se demuestra que la fe es el principio de acción en todos los seres inteligentes?
R: Primero, considerando debidamente las operaciones de mi propia mente, y en segundo lugar, por la declaración directa de las escrituras. Hebreos 11:7 [Heb. 1:39]: Por la fe Noé, habiendo sido advertido acerca de cosas que aún no se veían, con temor preparó el arca para que su casa se salvase; por lo cual condenó al mundo y fue hecho heredero de la justicia que es según la fe. Hebreos 11:8 [Heb.

1:40]: Por la fe Abraham, siendo llamado, obedeció para salir al lugar que había de recibir como heredad; y salió sin saber a dónde iba. Hebreos 11:9 [Heb. 1:40]: Por la fe habitó como extranjero en la tierra prometida como en tierra ajena, morando en tiendas con Isaac y Jacob, coherederos de la misma promesa. Hebreos 11:27 [Heb. 1:47]: Por la fe Moisés salió de Egipto, no temiendo la ira del rey, porque se sostuvo como si estuviese viendo al que es invisible (¶¶10–11).

31. Pregunta 7: ¿No es la fe el principio de acción tanto en las cosas espirituales como en las temporales?
R: Sí, lo es.

32. Pregunta 8: ¿Cómo se demuestra?
R: Hebreos 11:6 [Heb. 1:38]: Sin fe es imposible agradar a Dios. Marcos 16:16 [Marcos 8:6]: El que crea y sea bautizado será salvo. Romanos 4:16 [Rom. 1:20]: Por tanto, es por la fe, para que sea por gracia, a fin de que la promesa sea firme para toda la descendencia: no solamente para la que es de la ley, sino también para la que es de la fe de Abraham, quien es padre de todos nosotros (¶¶12–13).

33. Pregunta 9: ¿Es la fe algo más aparte del principio de la acción?
R: Sí, lo es.

34. Pregunta 10: ¿Qué es?
R: Es el principio del poder también (¶13).

35. Pregunta 11: ¿Cómo se demuestra?
R: En primer lugar, es el principio del poder en la Deidad, así como en el hombre. Hebreos 11:3 [Heb. 1:36]: Por la fe entendemos que los mundos fueron formados por la palabra de Dios, de modo que lo que se ve fue de lo que no se veía (¶¶14–16).

36. En segundo lugar, es el principio del poder en el hombre también. Libro de Mormón, página 264 [Alma 10:11]. Alma y Amulek son liberados de la prisión. Ídem, página 421 [Hel. 2:24-26]. Nefi y Lehi, con los Lamanitas, son bautizados con el espíritu. Ídem, página 565 [Éter 5:6]. Se aparta el monte de Zerin por la fe del hermano de Jared. Josué 10:12 [Josué 2:19]: Entonces Josué habló a

Jehová el día en que Jehová entregó al amorreo delante de los hijos de Israel, y dijo en presencia de los israelitas: Sol, detente en Gabaón; y tú, luna, en el valle de Ajalón. Josué 10:13 [Josué 2:19]: Y el sol se detuvo y también la luna, hasta que la gente se hubo vengado de sus enemigos. ¿No está esto escrito en el libro de Jaser? Y el sol se detuvo en medio del cielo, y no se apresuró a ponerse casi un día entero. Mateo 17:19 [Mat. 9:7]: Entonces los discípulos se acercaron a Jesús aparte y dijeron: ¿Por qué nosotros no pudimos echarlo fuera? Mateo 17:20 [Mat. 9:7]: Y Jesús les dijo: Por vuestra incredulidad; porque de cierto os digo que si tuviereis fe como un grano de mostaza, diréis a este monte: Pásate de aquí allá, y se pasará; y nada os será imposible. Hebreos 11:32 [Heb. 1:49]: ¿Y qué más digo? Porque el tiempo me faltaría para contar de Gedeón, de Barac, de Sansón, de Jefté, de David, así como de Samuel y de los profetas, Hebreos 11:33 [Heb. 1:49]: quienes por la fe conquistaron reinos, hicieron justicia, alcanzaron promesas, taparon bocas de leones, Hebreos 11:34 [Heb. 1:49]: apagaron fuegos impetuosos, evitaron filo de espada, sacaron fuerzas de debilidad, se hicieron fuertes en batallas y pusieron en fuga a ejércitos extranjeros. Hebreos 11:35 [Heb. 1:49]: Las mujeres recibieron sus muertos resucitados a la vida de nuevo; mas otros fueron torturados, no aceptando el rescate, para obtener mejor resurrección (¶¶16–22).

37. Pregunta 12: ¿Cómo se definiría la fe en su sentido más ilimitado?
R: Es el primer gran principio gobernante, que tiene poder, dominio y autoridad sobre todas las cosas (¶24).

38. Pregunta 13: ¿Cómo se transmite al entendimiento más claramente de que la fe es el primer gran principio gobernante, que tiene poder, dominio y autoridad sobre todas las cosas?
R: Por ella existen, por ella se sostienen, por ella se cambian, o por ella permanecen, de acuerdo con la voluntad de Dios; y sin ella no hay poder; ¡y sin poder no podría haber creación, ni existencia! (¶24).

CONFERENCIA SEGUNDA

De la fe

1. Habiendo mostrado en nuestra conferencia anterior la fe misma — lo que es, procederemos a mostrar en segundo lugar el objeto sobre el que descansa.

2. Aquí observamos que Dios es el único gobernador supremo y ser independiente en quien habita toda plenitud y perfección; que es omnipotente, omnipresente y omnisciente, sin principio de días ni fin de vida, y que en él habita toda buena dádiva y todo buen principio, y que él es el Padre de las Luces: En él habita independientemente el principio de la fe; y él es el objeto en el que se centra la fe de todos los demás seres racionales y responsables para la vida y la salvación.

3. Para presentar esta parte del tema en un punto de luz claro y visible, es necesario volver atrás y mostrar las evidencias que la humanidad ha tenido, y el fundamento sobre el cual estas evidencias se basan, o se basaron, desde la creación, para creer en la existencia de un Dios.

4. No nos referimos a esas evidencias que se manifiestan por las obras de la creación, que diariamente contemplamos con nuestros ojos naturales: somos sensatos que después de una revelación de Jesucristo, las obras de la creación, a través de sus vastas formas y variedades, exhiben claramente su eterno poder y Divinidad. Romanos 1:20 [Rom. 1:4]: Porque las cosas invisibles de él desde la creación del mundo se ven claramente, siendo entendidas por medio de las cosas hechas: su eterno poder y Divinidad. Pero nos referimos a aquellas evidencias por las cuales los primeros pensamientos fueron sugeridos a la mente de los hombres de que había un Dios que creó todas las cosas.

5. Procederemos ahora a examinar la situación del hombre en su primera creación. Moisés, el historiador, nos ha dado el siguiente relato de él en el primer capítulo del libro de Génesis, comenzando con el versículo 20, y cerrando con el 30 [Gen. 2:8-9]. Copiamos de la Nueva Traducción:

6. Y el Señor Dios dijo al Unigénito, que estuvo con él desde el principio: Hagamos al hombre a nuestra imagen, conforme a nuestra semejanza; y fue hecho.

7. Y el Señor Dios dijo: Tengan dominio sobre los peces del mar, sobre las aves del cielo, sobre el ganado, y sobre toda la tierra y sobre todo lo que se arrastra sobre la tierra.

8. Así que Dios creó al hombre a su propia imagen, a imagen del Unigénito lo creó: varón y hembra los creó. Y Dios los bendijo, y les dijo: Fructificad y multiplicaos, y henchid la tierra, y sojuzgadla: y tened dominio sobre los peces del mar, sobre las aves del cielo, y sobre todo ser viviente que se mueve sobre la tierra.

9. Y el Señor Dios le dijo al hombre: He aquí, te he dado toda hierba que produce semilla, que está sobre la faz de toda la tierra, y todo árbol en el cual está el fruto de un árbol que produce semilla; a ti te será por alimento.

10. Nuevamente, Génesis 2:15,16,17,19,20 [Gen. 2:13]: Y el Señor Dios tomó al hombre y lo puso en el Jardín de Edén, para que lo cultivara y lo guardara. Y el Señor Dios le dio mandamiento al hombre diciendo: De todo árbol del jardín podrás comer libremente, mas del árbol de la ciencia del bien y del mal no comerás, ni lo tocarás; no obstante, podrás escoger según tu voluntad, porque te es concedido; pero recuerda que yo lo prohíbo, porque el día en que de él comieres, de cierto morirás.

11. Y de la tierra el Señor Dios formó a toda bestia del campo y a toda ave del cielo; y mandó que fuesen llevadas a Adán para ver qué nombre les daría. Y lo que Adán llamó a todo ser viviente, tal era su nombre. Y Adán dio nombre a todo el ganado, a las aves del cielo y a toda bestia del campo.

12. De lo anterior aprendemos la situación del hombre en su primera creación: el conocimiento con que él fue dotado, y la alta y exaltada estación en la que fue colocado — señor o gobernador de todas las cosas en la tierra, y al mismo tiempo disfrutando de la comunión y el intercambio con su Hacedor sin un velo que los

separe. A continuación procederemos a examinar el relato dado de su caída, y de su expulsión del Jardín de Edén y de la presencia del Señor.

13. Moisés procede: Y ellos (Adán y Eva) oyeron la voz del Señor Dios mientras se paseaban en el jardín al fresco del día, y Adán y su esposa se escondieron de la presencia del Señor Dios entre los árboles del jardín. Y el Señor Dios llamó a Adán y le dijo: ¿A dónde vas? Y él dijo: Oí tu voz en el jardín, y tuve miedo porque vi que estaba desnudo, y me escondí.

14. Y el Señor Dios dijo a Adán: ¿Quién te dijo que estabas desnudo? ¿Has comido del árbol del cual te mandé no comer? Pues de hacerlo de cierto morirías? Y el hombre dijo: La mujer que tú me diste, y mandaste que permaneciese conmigo, me dio del fruto del árbol, y yo comí.

15. Y el Señor Dios dijo a la mujer: ¿Qué es esto que has hecho? Y la mujer dijo: La serpiente me engañó, y yo comí.

16. Y de nuevo, el Señor dijo a la mujer: Multiplicaré en gran manera tu dolor y tu concepción: con dolor darás a luz los hijos; y tu deseo será para tu marido, y él se enseñoreará de ti.

17. Y el Señor Dios dijo a Adán: Por haber escuchado la voz de tu esposa y comido del fruto del árbol del cual te mandé, diciendo: No comerás de él — maldita será la tierra por tu causa: con dolor comerás de ella todos los días de tu vida. Espinas, también, y cardos te producirá: y comerás la hierba del campo. Con el sudor de tu rostro comerás el pan, hasta que vuelvas a la tierra — pues de cierto morirás — porque de ella fuiste tomado; pues polvo eras y al polvo has de volver. Esto fue seguido inmediatamente por el cumplimiento de lo que dijimos anteriormente: El hombre fue expulsado, o echado, de Edén.

18. Dos elementos importantes se muestran de las citas anteriores: Primero, después de que el hombre fue creado, no se quedó sin inteligencia o comprensión, para andar errante en la oscuridad y pasar una existencia en la ignorancia y la duda — sobre el punto

grande e importante que afectó su felicidad — en cuanto al hecho real por quien fue creado, o a quien era responsable por su conducta. Dios conversó con él cara a cara: en su presencia se le permitió estar, y de su propia boca se le permitió recibir instrucción — oyó su voz, anduvo delante de él, y contempló su gloria mientras la inteligencia irrumpía en su entendimiento y le habilitó dar nombres a la vasta asamblea de las obras de su Hacedor.

19. En segundo lugar, hemos visto que, aunque el hombre transgredió, su transgresión no le privó del conocimiento previo con el que estaba dotado, en relación con la existencia y la gloria de su Creador; porque apenas oyó su voz, trató de esconderse de su presencia.

20. Habiendo demostrado, entonces, en primera instancia, que Dios comenzó a conversar con el hombre inmediatamente después de que "sopló en su nariz el aliento de vida," y que no dejó de manifestarse a él incluso después de su caída, a continuación procederemos a mostrar que, aunque fue expulsado del Jardín de Edén, su conocimiento de la existencia de Dios no se perdió, ni Dios dejó de manifestarle su voluntad.

21. A continuación procedemos a presentar el relato de la revelación directa que el hombre recibió, después de que fue expulsado de Edén, y copiamos más de la Nueva Traducción [Gén. 3:1-4]:

22. Después de que Adán había sido expulsado del jardín, empezó a cultivar la tierra, y a ejercer dominio sobre todas las bestias del campo, y a comer su pan con el sudor de su rostro como el Señor le había mandado; y él invocó el nombre del Señor, y también lo hizo Eva, su esposa. Y oyeron la voz del Señor que les hablaba en dirección del Jardín de Edén; y no lo vieron, porque se encontraban excluidos de su presencia, pero les dio mandamientos de que adorasen al Señor su Dios y ofreciesen las primicias de sus rebaños como ofrenda al Señor. Y Adán fue obediente al mandamiento.

23. Y después de muchos días un ángel del Señor se apareció a Adán, diciendo: ¿Por qué ofreces sacrificios al Señor? Y Adán le dijo: No sé, sino que el Señor me mandó que ofreciera sacrificios.

24. Y el ángel le dijo: Esto es una semejanza del sacrificio del Unigénito del Padre, el cual es lleno de gracia y de verdad. Y harás todo cuanto hicieres en el nombre del Hijo; y te arrepentirás e invocarás a Dios en su nombre para siempre. En ese día el espíritu santo descendió sobre Adán y dio testimonio del Padre y del Hijo.

25. Esta última cita, o resumen, muestra este hecho importante — que aunque nuestros primeros padres fueron expulsados del Jardín de Edén e incluso fueron separados de la presencia de Dios por un velo, aún conservaban un conocimiento de su existencia, y eso lo suficiente para inspirarlos a invocarlo. Y además, que tan pronto como el plan de redención fue revelado al hombre y él comenzó a invocar a Dios, se le dio el espíritu santo, dando testimonio del Padre y el Hijo.

26. Moisés también nos da un relato en el 3er capítulo de Génesis [Gen. 3:6-9] de la transgresión de Caín, y la rectitud de Abel, y de las revelaciones de Dios a ellos. Él dice: Con el transcurso del tiempo Caín trajo al Señor una ofrenda del fruto de la tierra. Y Abel también trajo de las primicias de su rebaño y de su grosura. Y el Señor miró con agrado a Abel y su ofrenda, mas no miró con agrado a Caín y su ofrenda. Ahora bien, Satanás sabía esto y se alegró. Y Caín se ensañó en gran manera y decayó su semblante. Y el Señor le dijo a Caín: ¿Por qué te has ensañado? ¿Por qué ha decaído tu semblante? Si haces lo bueno, ¿no serás aceptado? Y si no haces lo bueno, el pecado está a la puerta, y Satanás desea poseerte, y a menos que escuches mis mandamientos, te entregaré: y será hecho contigo según la voluntad de él.

27. Y Caín salió al campo y habló con su hermano Abel. Y mientras estaban en el campo, Caín se levantó contra su hermano Abel y lo mató. Y Caín se glorió de lo que había hecho, diciendo: ¡Estoy libre! Seguramente los rebaños de mi hermano ahora caerán en mis manos.

28. Pero el Señor le dijo a Caín: ¿Dónde está Abel, tu hermano? Y él contestó: No sé. ¿Soy yo guarda de mi hermano? Y el Señor le dijo: ¿Qué has hecho? La voz de la sangre de tu hermano clama a mí desde la tierra. Y ahora maldito serás de la tierra que abrió su boca

para recibir de mano tuya la sangre de tu hermano. Cuando labres la tierra, ella no te dará su fuerza de aquí en adelante. Fugitivo, y vagabundo también, serás en la tierra.

29. Y Caín dijo al Señor: Satanás me tentó a causa de los rebaños de mi hermano. Y también estaba yo con saña, porque su ofrenda fue aceptada y la mía no. Mi castigo es más de lo que puedo soportar. He aquí, me has echado hoy de ante la faz de los hombres, y de tu presencia quedaré escondido también; y seré fugitivo y vagabundo en la tierra. Y sucederá que, cualquiera que me encuentre me matará por causa de mi juramento, porque estas cosas no se ocultan del Señor. Y el Señor le dijo: Por lo tanto, quienquiera que mate a Caín, siete veces se tomará en él la venganza. Y el Señor puso una marca sobre Caín, para que no lo matara cualquiera que lo hallase.

30. El objeto de las citas anteriores es mostrar a esta clase la forma en que la humanidad se familiarizó en primer lugar con la existencia de un Dios: que fue por una manifestación de Dios al hombre, y que Dios continuó, después de la transgresión del hombre, manifestándose a él y a su posteridad: y a pesar de que estaban separados de su presencia inmediata que no podían ver su rostro, continuaron escuchando su voz.

31. Adán, conociendo así a Dios, comunicó el conocimiento que tenía a su posteridad; y fue por este medio que el pensamiento fue sugerido en primer lugar a sus mentes que había un Dios, lo cual estableció el fundamento para el ejercicio de su fe, por el cual podían obtener un conocimiento de su carácter y también de su gloria.

32. No sólo hubo una manifestación a Adán de la existencia de Dios, sino que Moisés nos informa, como se citó anteriormente, que Dios condescendió a hablar con Caín después de su gran transgresión al matar a su hermano, y que Caín sabía que era el Señor el que hablaba con él, de modo que cuando fue echado de la presencia de sus hermanos, llevaba consigo el conocimiento de la existencia de un Dios: y por este medio, sin duda su posteridad se familiarizó con el hecho de que tal ser existía.

33. De esto podemos ver que toda la familia humana, en la temprana edad de su existencia, en todas sus diferentes ramas, tuvo este conocimiento difundido entre ellos; de modo que la existencia de Dios se convirtió en un objeto de fe en la temprana edad del mundo. Y las evidencias que estos hombres tenían de la existencia de un Dios era el testimonio de sus padres en primera instancia.

34. La razón por la que hemos sido tan particulares en esta parte de nuestro tema es para que esta clase pueda ver por qué medio fue que Dios se convirtió en un objeto de fe entre los hombres después de la caída, y qué fue lo que despertó la fe de las multitudes para buscarlo, para buscar un conocimiento de su carácter, perfecciones y atributos hasta que se familiarizaron ampliamente con él; y no sólo comunicarse con él y contemplar su gloria, sino ser partícipes de su poder y estar en su presencia.

35. Que esta clase note particularmente que el testimonio que estos hombres tenían de la existencia de un Dios era el testimonio del hombre, ya que antes del tiempo en que cualquiera de la posteridad de Adán hubiera obtenido una manifestación de Dios para sí misma, Adán, su padre común, les había testificado de la existencia de Dios y de su poder eterno y Deidad.

36. Por ejemplo, Abel, antes de recibir la seguridad del Cielo de que sus ofrendas eran aceptables para Dios, había recibido la importante información de su padre de que tal ser existía, que había creado y que sostenía todas las cosas. Tampoco puede haber ninguna duda en la mente de ninguna persona de que Adán fue el primero que comunicó el conocimiento de la existencia de un Dios a su posteridad, y que toda la fe del mundo, desde ese momento hasta el presente, depende en cierto grado del conocimiento que les comunicó en primer lugar su progenitor común; y se ha transmitido al día y a la generación en que vivimos, como lo mostraremos de los anales sagrados.

37. Primero, Adán tenía 130 años cuando nació Set (Génesis 5:3) [Gen. 3:15]. Y los días de Adán, después de haber engendrado a Set, fueron 800 años, de manera que tenía 930 años cuando murió (Génesis 5:4,5) [Gen. 3:15]. Set tenía 105 años cuando nació Enós

(5:6) [Gen. 3:16]; Enós tenía 90 años cuando nació Cainán (5:9) [Gen. 3:19]; Cainán tenía 70 años cuando nació Mahalalel (5:12) [Gen. 3:20]; Mahalalel tenía 65 años cuando nació Jared (5:15) [Gen. 3:21]; Jared tenía 162 años cuando nació Enoc (5:18) [Gen. 3:22]; Enoc tenía 65 años cuando nació Matusalén (5:21) [Gen. 3:25]; Matusalén tenía 187 años cuando nació Lamec (5:25) [Gen. 5:3]; Lamec tenía 182 años cuando nació Noé (5:28) [Gen. 5:4].

38. De este relato parece que Lamec, el noveno desde Adán y el padre de Noé, tenía 56 años cuando Adán murió; Matusalén, 243; Enoc, 308; Jared, 470; Mahalalel, 535; Cainán, 605; Enós, 695; y Set, 800.

39. Así que Lamec, el padre de Noé, Matusalén, Enoc, Jared, Mahalalel, Cainán, Enós, Set y Adán, vivían todos al mismo tiempo y, sin ninguna controversia, eran todos predicadores de la rectitud.

40. Moisés nos informa además que Set vivió después de engendrar a Enós, 807 años, de manera que tenía 912 años a su muerte (Génesis 5:7,8) [Gen. 3:16,18]. Y Enós vivió después de engendrar a Cainán, 815 años, de manera que tenía 905 años cuando murió (5:10,11) [Gen. 3:19]. Y Cainán vivió después de engendrar a Mahalalel, 840 años, de manera que tenía 910 años a su muerte (5:13,14) [Gen. 3:20]. Y Mahalalel vivió después de engendrar a Jared, 830 años, de manera que tenía 895 años cuando murió (5:16,17) [Gen. 3:21]. Y vivió Jared después de engendrar a Enoc, 800 años, de manera que tenía 962 años a su muerte (5:19,20) [Gen. 3:22,24]. Y Enoc anduvo con Dios, después de engendrar a Matusalén, 300 años, de manera que tenía 365 años cuando fue trasladado (5:22,23) [Gen. 4:23]. Y Matusalén vivió después de engendrar a Lamec, 782 años, de manera que tenía 969 años cuando murió (5:26,27) [Gen. 5:3]. Lamec vivió después de engendrar a Noé, 595 años, de manera que tenía 777 años cuando murió (5:30,31) [Gen. 5:4].

41. De acuerdo con este relato, Adán murió en el año 930 del mundo, Enoc fue trasladado en el año 987, Set murió en el año 1042, Enos en el año 1140, Cainán en el año 1235, Mahalalel en el

año 1290, Jared en el año 1422, Lamech en el año 1651 y Matusalén en el año 1656, siendo el mismo año en que vino el diluvio.

42. Así que Noé tenía 84 años cuando Enós murió, 176 años cuando Cainán murió, 234 años cuando murió Mahalalel, 366 años cuando murió Jared, 595 años cuando Lamec murió y 600 años cuando murió Matusalén.

43. Podemos ver de esto que Enós, Cainán, Mahalalel, Jared, Matusalén, Lamec y Noé vivieron todos en la tierra al mismo tiempo. Y que Enós, Cainán, Mahalalel, Jared, Matusalén y Lamec conocían todos tanto a Adán como a Noé.

44. De lo anterior se puede ver fácilmente, no sólo cómo el conocimiento de Dios vino al mundo, sino sobre qué principio se conservó: que desde el momento en que se comunicó por primera vez, se conservó en la mente de los hombres justos que enseñaron no sólo a su propia posteridad, sino al mundo, de modo que no había necesidad de una nueva revelación al hombre después de la creación de Adán hasta Noé, para darles la primera idea o noción de la existencia de un Dios — y no sólo de un Dios, sino del Dios verdadero y viviente.

45. Habiendo trazado la cronología del mundo desde Adán hasta Noé, ahora la trazaremos desde Noé hasta Abraham. Noé tenía 502 años cuando nació Sem; 98 años después vino el diluvio, siendo el año 600 de la edad de Noé. Y Moisés nos informa que Noé vivió después del diluvio 350 años, de manera que tenía 950 años cuando murió (Génesis 9:28,29) [Gen. 5:24].

46. Sem tenía 100 años cuando nació Arfaxad (Génesis 11:10) [Gen. 6:7]. Arfaxad tenía 35 años cuando nació Selah (11:12) [Gen. 6:7]; Selah tenía 30 años cuando nació Heber (11:14) [Gen. 6:7]; Heber tenía 34 años cuando nació Peleg, en cuyos días la tierra se dividió (11:16) [Gen. 6:7]; Peleg tenía 30 años cuando nació Reu (11:18) [Gen. 6:7]; Reu tenía 32 años cuando nació Serug (11:20) [Gen. 6:7]; Serug tenía 30 años cuando nació Nacor (11:22) [Gen. 6:7]; Nacor tenía 29 años cuando nació Taré (11:24) [Gen. 6:7]; Taré tenía 70 años cuando nacieron Harán y Abraham (11:26) [Gen. 6:7].

47. Hay cierta dificultad en el relato dado por Moisés del nacimiento de Abraham. Algunos han supuesto que Abraham no nació hasta que Taré tenía 130 años. Esta conclusión se saca de una variedad de escrituras que no son para nuestro propósito por el momento para citar. Tampoco es una cuestión de ninguna consecuencia para nosotros si Abraham nació cuando Taré tenía 70 años o 130 años. Pero para que no exista ninguna duda en ninguna mente en relación con el objeto que se encuentra inmediatamente ante nosotros, al presentar la presente cronología fecharemos el nacimiento de Abraham en el último período: es decir, cuando Taré tenía 130 años. Parece de este relato que desde el diluvio hasta el nacimiento de Abraham fueron 352 años.

48. Moisés nos informa que Sem vivió después de engendrar a Arfaxad, 500 años (Gen. 11:11) [Gen. 6:7]; esto sumado a los 100 años, que era su edad cuando nació Arfaxad, le rinde 600 años cuando murió. Arfaxad vivió, después de engendrar Selah, 403 años (11:13) [Gen. 6:7]; esto sumado a los 35 años, que era su edad cuando nació Selah, le rinde 438 años cuando murió. Selah vivió después de engendrar a Heber, 403 años (11:15) [Gen. 6:7]; esto sumado a los 30 años, que era su edad cuando nació Heber, le rinde 433 años cuando murió. Heber vivió después de engendrar a Peleg, 430 años (11:17) [Gen. 6:7]; esto sumado a los 34 años, que era su edad cuando nació Peleg, le rinde 464 años. Peleg vivió después de engendrar a Reu, 209 años (11:19) [Gen. 6:7]; esto sumado a los 30 años, que era su edad cuando nació Reu le rinde 239 años cuando murió. Reu vivió después de engendrar a Serug 207 años (11:21) [Gen. 6:7]; esto sumado a los 32 años, que era su edad cuando nació Serug, le rinde 239 años cuando murió. Serug vivió después de engendrar a Nacor, 200 años (11:23) [Gen. 6:7]; esto sumado a los 30 años, que era su edad cuando nació Nacor, le rinde 230 años cuando murió. Nacor vivió después de engendrar a Taré, 119 años (11:25) [Gen. 6:7]; esto sumado a los 29 años, que era su edad cuando nació Taré, le rinde 148 años cuando murió. Taré tenía 130 años cuando nació Abraham, y se supone que vivió 75 años después de su nacimiento, de manera que tenía 205 años cuando murió.

49. De acuerdo con este último relato, Peleg murió en el año 1996 del mundo, Nacor en el año 1997 y Noé en el año 2006. Así que

Peleg, en cuyos días se dividió la tierra, y Nacor, el abuelo de Abraham, ambos murieron antes que Noé: el primero tenía 239 años y el segundo 148 años. ¿Y quién no puede ver que deben haber tenido un largo e íntimo contacto con Noé?

50. Reu murió en el año 2026 del mundo, Serug en año 2049, Taré en el año 2083, Arfaxad en el año 2096, Selah en el año 2126, Sem en el año 2158, Abraham en el año 2183 y Heber en el año 2187, lo cual fue 4 años después de la muerte de Abraham. Y Heber fue el cuarto desde Noé.

51. Nacor, hermano de Abraham, tenía 58 años cuando murió Noé, Taré 128 años, Serug 187 años, Reu 219 años, Heber 283 años, Selah 313 años, Arfaxad 344 años y Sem 448 años.

52. De este relato parece que Nacor, hermano de Abraham, Taré, Nacor, Serug, Reu, Peleg, Heber, Selah, Arfaxad, Sem y Noé todos vivieron en la tierra al mismo tiempo. Y que Abraham tenía 18 años cuando Reu murió, 41 años cuando Serug y su hermano Nacor murieron, 75 años cuando murió Taré, 88 años cuando murió Arfaxad, 118 años cuando murió Selah, 150 años cuando murió Sem, y que Heber vivió 4 años después de la muerte de Abraham. Y que Sem, Arfaxad, Selah, Heber, Reu, Serug, Taré y Nacor, el hermano de Abraham y Abraham, vivieron al mismo tiempo. Y que Nacor, hermano de Abraham, Taré, Serug, Reu, Heber, Selah, Arfaxad y Sem, todos conocían tanto a Noé como a Abraham.

53. Ahora hemos trazado la cronología del mundo, de acuerdo con el relato dado en nuestra Biblia actual, desde Adán hasta Abraham, y hemos determinado claramente, más allá del poder de la controversia, que no había dificultad en preservar el conocimiento de Dios en el mundo desde la creación de Adán, y la manifestación a sus descendientes inmediatos, como se establece en la primera parte de esta conferencia, de modo que los estudiantes en esta clase no necesitan tener ninguna duda en sus mentes sobre este tema; porque pueden ver fácilmente que es imposible que sea de otra manera, sino que el conocimiento de la existencia de un Dios debe haber continuado de padre a hijo por tradición, al menos. Porque no podemos suponer que un conocimiento de este importante hecho

podía haber existido en la mente de cualquiera de los individuos antes mencionados sin que lo hubieran dado a conocer a su posteridad.

54. Ahora hemos demostrado cómo fue que el primer pensamiento existió en la mente de cualquier individuo de que había un ser como un Dios, que había creado y sostenía todas las cosas: que fue por causa de la manifestación que él hizo primeramente a nuestro padre Adán, cuando estuvo en su presencia y conversó con él cara a cara, en el momento de su creación.

55. Observemos aquí que después de que cualquier parte de la familia humana se familiarice con el hecho importante de que hay un Dios que ha creado y sostiene todas las cosas, el grado de su conocimiento, respecto a su carácter y su gloria, dependerá de su diligencia y fidelidad en buscarlo, hasta que como Enoc, hermano de Jared y Moisés, obtengan fe en Dios y poder con él para contemplarlo cara a cara.

56. Ahora hemos expuesto claramente cómo es, y cómo fue, que Dios se convirtió en un objeto de fe para los seres racionales, y también sobre qué fundamento se basó el testimonio, lo que motivó la investigación y la búsqueda diligente de los antiguos santos para buscar y obtener un conocimiento de la gloria de Dios. Y hemos visto que fue el testimonio humano, y sólo el testimonio humano, lo que motivó esta investigación en primera instancia en sus mentes — fue la credibilidad que dieron al testimonio de sus padres — este testimonio habiendo despertado sus mentes para buscar el conocimiento de Dios, la investigación frecuentemente terminaba, de hecho siempre terminaba, cuando se realizaba correctamente, en los descubrimientos más gloriosos y en la certeza Eterna.

Preguntas y respuestas sobre los principios anteriores

57. Pregunta 1: ¿Hay un ser que tenga fe en sí mismo independientemente?
Respuesta: Sí, lo hay.

58. Pregunta 2: ¿Quién es?

R: Es Dios.

59. Pregunta 3: ¿Cómo se demuestra que Dios tiene fe en sí mismo independientemente?
R: Porque él es omnipotente, omnipresente y omnisciente, sin principio de días ni fin de vida, y en él habita toda plenitud. Efesios 1:23 [Ef. 1:3]: La cual es su cuerpo, la plenitud de aquel que todo lo llena en todo. Colosenses 1:19 [Col. 1:4]: Por cuanto agradó al Padre que en él habitase toda plenitud (¶12).

60. Pregunta 4: ¿Es él el objeto en el que se centra la fe de todos los demás seres racionales y responsables para la vida y la salvación?
R: Sí, lo es.

61. Pregunta 5: ¿Cómo se demuestra?
R: Isaías 45:22 [Isa. 15:19]: Volveos a mí y sed salvos, todos los confines de la tierra, porque yo soy Dios, y no hay ninguno más. Romanos 11:34-36 [Rom. 1:58]: Porque, ¿quién entendió la mente del Señor? ¿O quién fue su consejero? ¿O quién le dio a él primero, para que le fuese recompensado? Porque de él, y por él, y para él son todas las cosas: a él sea la gloria por los siglos. Amén. Isaías 40:8-18 [Isa. 14:2-3]: Súbete sobre un monte alto, anunciadora de buenas nuevas de Sion (o, Oh tú que dices buenas nuevas a Sión); levanta fuertemente tu voz, anunciadora de buenas nuevas de Jerusalén (o, Oh tú que dices buenas nuevas a Jerusalén); levántala, no temas; di a las ciudades de Judá: ¡He aquí al Dios vuestro! He aquí, Jehová el Señor vendrá con poder, y su brazo gobernará por él; he aquí, su recompensa viene con él, y su obra está delante de él (o, recompensa por su trabajo). Como pastor apacentará su rebaño; en su brazo recogerá los corderos y en su seno los llevará; conducirá con ternura a las ovejas que todavía están criando. ¿Quién midió las aguas con el hueco de su mano y la extensión de los cielos con su palmo, y puso en una medida el polvo de la tierra, y pesó los montes con balanza y con pesas los collados? ¿Quién dirigió al espíritu de Jehová, o le aconsejó, enseñándole? ¿A quién pidió consejo y quién le hizo entender? ¿Quién le enseñó el camino del juicio, o le enseñó conocimiento o le mostró la senda del entendimiento? He aquí que las naciones son como una gota de un balde y consideradas como el polvo en la balanza; he aquí, él levanta las islas como al polvo fino.

Ni el Líbano bastará para el fuego, ni todos sus animales para el holocausto. Todas las naciones son como nada delante de él; para él cuentan menos que nada y le son vanas. Jeremías 51:15-16 [Jer. 18:13]: Él (el Señor) es el que hizo la tierra con su poder, el que afirmó el mundo con su sabiduría y extendió los cielos con su inteligencia. Cuando emite su voz, hay multitud de aguas en el cielo, y hace subir las nubes desde los confines de la tierra; él hace relámpagos con la lluvia y saca el viento de sus depósitos. 1 Corintios 8:6 [1 Cor. 1:32]: Nosotros no tenemos más que un solo Dios, el Padre, de quien son todas las cosas, y nosotros de él; y un Señor, Jesucristo, por medio de quien son todas las cosas, y nosotros por medio de él (¶12).

62. Pregunta 6: ¿Cómo llegaron los hombres primeramente al conocimiento de la existencia de un Dios, para ejercer fe en él?
R: Para responder a esta pregunta, será necesario volver y examinar al hombre en su creación, las circunstancias en las que fue colocado y el conocimiento que tenía de Dios (¶¶3-11).

63. Primero, cuando el hombre fue creado, estuvo en la presencia de Dios (Génesis 1:27,28) [Gen. 2:8-9]. De esto aprendemos que el hombre, en su creación, estaba en la presencia de su Dios, y tenía el conocimiento más perfecto de su existencia.

64. En segundo lugar, Dios conversó con él después de su transgresión (Génesis 3:8-22) [Gen. 2:17-19] (¶13-17). De esto aprendemos que, aunque el hombre transgredió, no fue privado del conocimiento previo que tenía de la existencia de Dios (¶19).

65. En tercer lugar, Dios conversó con el hombre después de que lo echó del jardín (¶¶ 22-25).

66. En cuarto lugar, Dios también conversó con Caín después de que había matado a Abel (Génesis 4:4-6) [Gen. 3:8] (¶ 26–29).

67. Pregunta 7: ¿Cuál es el objeto de la cita anterior?
R: Es para que se pueda ver claramente cómo fue que los primeros pensamientos fueron sugeridos a la mente de los hombres de la

existencia de Dios, y cuán extensamente este conocimiento se difundió entre los descendientes inmediatos de Adán (¶¶30–33).

68. Pregunta 8: ¿Qué testimonio tuvieron los descendientes inmediatos de Adán como prueba de la existencia de un Dios?
R: El testimonio de su padre. Y después que se enteraron de su existencia por el testimonio de su padre, dependían del ejercicio de su propia fe para conocer su carácter, perfecciones y atributos (¶¶23–26).

69. Pregunta 9: ¿Tenía algún otro miembro de la familia humana, además de Adán, un conocimiento de la existencia de Dios, en primera instancia, por cualquier otro medio que no fuera el testimonio humano?
R: No, no lo tenía. Porque antes del tiempo en que podían tener el poder de obtener una manifestación para sí mismos, el hecho importante les había sido comunicado por su padre común: y lo tanto, de padre a hijo, el conocimiento se comunicaba tan ampliamente como se conocía el conocimiento de su existencia; porque fue por este medio, en primera instancia, que los hombres tenían un conocimiento de su existencia (¶¶35, 36).

70. Pregunta 10: ¿Cómo se sabe que el conocimiento de la existencia de Dios se comunicó de esta manera a través de las diferentes edades del mundo?
R: Por la cronología obtenida a través de las revelaciones de Dios.

71. Pregunta 11: ¿Cómo se dividiría esa cronología para transmitirla claramente al entendimiento?
R: En dos partes: Primero, abarcando ese período del mundo desde Adán hasta Noé, y en segundo lugar, desde Noé hasta Abraham, de cuyo período el conocimiento de la existencia de Dios ha sido tan general que no se discute de qué manera la idea de su existencia ha sido retenida en el mundo.

72. Pregunta 12: ¿Cuántos hombres rectos notables vivieron de Adán a Noé?
R: Nueve, lo cual incluye a Abel, que fue asesinado por su hermano.

73. Pregunta 13: ¿Cuáles son sus nombres?
R: Abel, Set, Enós, Cainán, Mahalalel, Jared, Enoc, Matusalén y Lamec.

74. Pregunta 14: ¿Cuántos años tenía Adán cuando nació Set?
R: Ciento treinta años (Génesis 5:3) [Gen. 3:15].

75. Pregunta 15: ¿Cuántos años vivió Adán después de que nació Set?
R: Ochocientos años (Génesis 5:4) [Gen. 3:15].

76. Pregunta 16: ¿Cuántos años tenía Adán cuando murió?
R: Novecientos treinta años (Génesis 5:5) [Gen. 3:15].

77. Pregunta 17: ¿Cuántos años tenía Set cuando nació Enós?
R: Ciento cinco años (Génesis 5:6) [Gen. 3:16].

78. Pregunta 18: ¿Cuántos años tenía Enós cuando nació Cainán?
R: Noventa años (Génesis 5:9) [Gen. 3:19].

79. Pregunta 19: ¿Cuántos años tenía Cainán cuando nació Mahalalel?
R: Setenta años (Génesis 5:12) [Gen. 3:20].

80. Pregunta 20: ¿Cuántos años tenía Mahalalel cuando nació Jared?
R: Sesenta y cinco años (Génesis 5:15) [Gen. 3:21].

81. Pregunta 21: ¿Cuántos años tenía Jared cuando nació Enoc?
R: Ciento sesenta y dos años (Génesis 5:18) [Gen. 3:22].

82. Pregunta 22: ¿Cuántos años tenía Enoc cuando nació Matusalén?
R: Sesenta y cinco años (Génesis 5:21) [Gen. 3:25].

83. Pregunta 23: ¿Cuántos años tenía Matusalén cuando nació Lamec?
R: Ciento ochenta y siete años (Génesis 5:25) [Gen. 5:3].

84. Pregunta 24: ¿Cuántos años tenía Lamec cuando nació Noé?

R: Ciento ochenta y dos años (Génesis 5:28) [Gen. 5:4]. Para esta cronología véase ¶37.

85. Pregunta 25: ¿Cuántos años, según este relato, pasaron de Adán a Noé?
R: Mil cincuenta y seis años.

86. Pregunta 26: ¿Cuántos años tenía Lamec cuando murió Adán?
R: Lamec, el noveno desde Adán (incluyendo a Abel), y padre de Noé, tenía cincuenta y seis años cuando murió Adán.

87. Pregunta 27: ¿Cuántos años tenía Matusalén?
R: Doscientos cuarenta y tres años.

88. Pregunta 28: ¿Cuántos años tenía Enoc?
R: Trescientos y ocho años.

89. Pregunta 29: ¿Cuántos años tenía Jared?
R: Cuatrocientos setenta años.

90. Pregunta 30: ¿Cuántos años tenía Mahalalel?
R: Quinientos treinta y cinco años.

91. Pregunta 31: ¿Cuántos años tenía Cainán?
R: Seiscientos y cinco años.

92. Pregunta 32: ¿Cuántos años tenía Enós?
R: Seiscientos noventa y cinco años.

93. Pregunta 33: ¿Cuántos años tenía Set?
R. Ochocientos. Para este elemento del relato, véase ¶38.

94. Pregunta 34: ¿Cuántos de estos hombres notables eran contemporáneos de Adán?
R: Nueve.

95. Pregunta 35: ¿Cuáles son sus nombres?
R: Abel, Set, Enós, Cainán, Mahalalel, Jared, Enoc, Matusalén y Lamec (¶39).

96. Pregunta 36: ¿Cuántos años vivió Set después de que nació Enós?
R: Ochocientos siete años (Génesis 5:7) [Gen. 3:16].

97. Pregunta 37: ¿Cuántos años tenía Set cuando murió?
R: Nueve ciento doce años (Génesis 5:8) [Gen. 3:18].

98. Pregunta 38: ¿Cuántos años vivió Enós después de que nació Cainán?
R: Ochocientos quince años (Génesis 5:10) [Gen. 3:19].

99. Pregunta 39: ¿Cuántos años tenía Enós cuando murió?
R: Novecientos cinco años (Génesis 5:11) [Gen. 3:19].

100. Pregunta 40: ¿Cuántos años vivió Cainán después de que nació Mahalalel?
R: Ochocientos cuarenta años (Génesis 5:13) [Gen. 3:20].

101. Pregunta 41: ¿Cuántos años tenía Cainán cuando murió?
R: Novecientos diez años (Génesis 5:14) [Gen. 3:20].

102. Pregunta 42: ¿Cuántos años vivió Mahalalel después de que nació Jared?
R: Ochocientos treinta años (Génesis 5:16) [Gen. 3:21].

103. Pregunta 43: ¿Cuántos años tenía Mahalalel cuando murió?
R: Ochocientos noventa y cinco años (Génesis 5:17) [Gen. 3:21].

104. Pregunta 44: ¿Cuántos años vivió Jared después de que nació Enoc?
R: Ochocientos años (Génesis 5:19) [Gen. 3:22].

105. Pregunta 45: ¿Cuántos años tenía Jared cuando murió?
R: Novecientos sesenta y dos años (Génesis 5:20) [Gen. 3:24].

106. Pregunta 46: ¿Cuántos años anduvo Enoc con Dios después de que nació Matusalén?
R: Trescientos años (Génesis 5:22) [Gen. 4:23].

107. Pregunta 47: ¿Cuántos años tenía Enoc cuando fue trasladado?
R: Trescientos sesenta y cinco años (Génesis 5:23) [Gen. 4:23].

108. Pregunta 48: ¿Cuántos años vivió Matusalén después de que nació Lamec?
R: Setecientos ochenta y dos años (Génesis 5:26) [Gen. 5:3].

109. Pregunta 49: ¿Cuántos años tenía Matusalén cuando murió?
R: Novecientos sesenta y nueve años (Génesis 5:27) [Gen. 5:3].

110. Pregunta 50: ¿Cuántos años vivió Lamec después de que nació Noé?
R: Quinientos noventa y cinco años (Génesis 5:30) [Gen. 5:4].

111. Pregunta 51: ¿Cuántos años tenía Lamec cuando murió?
R: Setecientos setenta y siete años (Génesis 5:31) [Gen. 5:4]. Para el relato del último punto véase ¶40.

112. Pregunta 52: ¿En qué año del mundo murió Adán?
R: En el año novecientos treinta.

113. Pregunta 53: ¿En qué año fue trasladado Enoc?
R: En el año novecientos ochenta y siete.

114. Pregunta 54: ¿En qué año murió Set?
R: En el año mil cuarenta y dos.

115. Pregunta 55: ¿En qué año murió Enós?
R: En el año mil ciento cuarenta.

116. Pregunta 56: ¿En qué año murió Cainán?
R: En el año mil doscientos treinta y cinco.

117. Pregunta 57: ¿En qué año murió Mahalalel?
R: En el año mil doscientos noventa.

118. Pregunta 58: ¿En qué año murió Jared?
R: En el año mil cuatrocientos veintidós.

119. Pregunta 59: ¿En qué año murió Lamec?
R: En el año mil seiscientos cincuenta y uno.

120. Pregunta 60: ¿En qué año murió Matusalén?
R: En el año mil seiscientos cincuenta y seis. Para este relato véase ¶41.

121. Pregunta 61: ¿Cuántos años tenía Noé cuando murió Enós?
R: Ochenta y cuatro años.

122. Pregunta 62: ¿Cuántos años tenía Noé cuando murió Cainán?
R: Ciento setenta y nueve años.

123. Pregunta 63: ¿Cuántos años tenía Noé cuando murió Mahalalel?
R: Doscientos treinta y cuatro años.

124. Pregunta 64: ¿Cuántos años tenía Noé cuando murió Jared?
R: Trescientos sesenta y seis años.

125. Pregunta 65: ¿Cuántos años tenía Noé cuando murió Lamec?
R: Quinientos noventa y cinco años.

126. Pregunta 66: ¿Cuántos años tenía Noé cuando murió Matusalén?
R: Seiscientos años. Véase ¶42 para el último punto.

127. Pregunta 67: ¿Cuántos de esos hombres vivieron en los días de Noé?
R: Seis.

128. Pregunta 68: ¿Cuáles son sus nombres?
R: Set, Enós, Cainán, Mahalalel, Jared, Matusalén y Lamec (¶43).

129. Pregunta 69: ¿Cuántos de esos hombres eran contemporáneos de Adán y Noé?
R: Seis.

130. Pregunta 70: ¿Cuáles son sus nombres?

R: Enós, Cainán, Mahalalel, Jared, Matusalén y Lamec (¶43).

131. Pregunta 71: Según el relato anterior, ¿cómo se sugirió primeramente el conocimiento de la existencia de Dios a la mente de los hombres?
R: Por la manifestación dada a nuestro padre Adán cuando estaba en la presencia de Dios, tanto antes como mientras estaba en Edén (¶44).

132. Pregunta 72: ¿Cómo se difundió el conocimiento de la existencia de Dios entre los habitantes del mundo?
R: Por tradición de padre a hijo (¶44).

133. Pregunta 73: ¿Cuántos años tenía Noé cuando nació Sem?
R: Quinientos dos años (Génesis 5:32, 11:10) [Gen. 5:5, Gen.6].

134. Pregunta 74: ¿Cuántos años pasaron desde el nacimiento de Sem hasta el diluvio?
R: Noventa y ocho años.

135. Pregunta 75: ¿Cuántos años vivió Noé después del diluvio?
R: Trescientos cincuenta años (Génesis 9:28) [Gen. 5:24].

136. Pregunta 76: ¿Cuántos años tenía Noé cuando murió?
R: Novecientos cincuenta años (Génesis 9:29) [Gen. 5:24].

137. Pregunta 77: ¿Cuántos años tenía Sem cuando nació Arfaxad?
R: Cien años (Génesis 11:10) [Gen. 6:7].

138. Pregunta 78: ¿Cuántos años tenía Arfaxad cuando nació Selah?
R: Treinta y cinco años (Génesis 11:12) [Gen. 6:7].

139. Pregunta 79: ¿Cuántos años tenía cuando nació Heber?
R: Treinta años (Génesis 11:14) [Gen. 6:7].

140. Pregunta 80: ¿Cuántos años tenía Heber cuando nació Peleg?
R: Treinta y cuatro años (Génesis 11:16) [Gen. 6:7].

141. Pregunta 81: ¿Cuántos años tenía Peleg cuando nació Reu?

R: Treinta años (Génesis 11:18) [Gen. 6:7].

142. Pregunta 82: ¿Cuántos años tenía Reu cuando nació Serug?
R: Treinta y dos años (Génesis 11:20) [Gen. 6:7].

143. Pregunta 83: ¿Cuántos años tenía Serug cuando nació Nacor?
R: Treinta años (Génesis 11:22) [Gen. 6:7].

144. Pregunta 84: ¿Cuántos años tenía Nacor cuando nació Taré?
R: Veintinueve años (Génesis 11:24) [Gen. 6:7].

145. Pregunta 85: ¿Cuántos años tenía Taré cuando nació Nacor (el hermano de Abraham)?
R: Setenta años (Génesis 11:26) [Gen. 6:7].

146. Pregunta 86: ¿Cuántos años tenía Taré cuando nació Abraham?
R: Algunos suponen ciento treinta años y otros setenta años (Génesis 11:26) [Gen. 6:7] (¶46).

147. Pregunta 87: ¿Cuántos años pasaron desde el diluvio hasta el nacimiento de Abraham?
R: Suponiendo que Abraham nació cuando Taré tenía ciento treinta años, fueron trescientos cincuenta y dos años, pero si Abraham nació cuando Taré tenía setenta años, fueron doscientos noventa y dos años (¶47).

148. Pregunta 88: ¿Cuántos años vivió Sem después de que nació Arfaxad?
R: Quinientos años (Génesis 11:11) [Gen. 6:7].

149. Pregunta 89: ¿Cuántos años tenía Sem cuando murió?
R: Seiscientos años (Génesis 11:11) [Gen. 6:7].

150. Pregunta 90: ¿Cuántos años vivió Arfaxad después de que nació Selah?
R: Cuatrocientos tres años (Génesis 11:13) [Gen. 6:7].

151. Pregunta 91: ¿Cuántos años tenía Arfaxad cuando murió?
R: Cuatrocientos treinta y ocho años.

152. Pregunta 92: ¿Cuántos años vivió Selah después de que nació Heber?
R: Cuatrocientos tres años (Génesis 11:15) [Gen. 6:7].

153. Pregunta 93: ¿Cuántos años tenía Selah cuando murió?
R: Cuatrocientos treinta y tres años.

154. Pregunta 94: ¿Cuántos años vivió Heber después de que nació Peleg?
R: Cuatrocientos treinta años (Génesis 11:17) [Gen. 6:7].

155. Pregunta 95: ¿Cuántos años tenía Heber cuando murió?
R: Cuatrocientos sesenta y cuatro años.

156. Pregunta 96: ¿Cuántos años vivió Peleg después de que nació Reu?
R: Doscientos nueve años (Génesis 11:19) [Gen. 6:7].

157. Pregunta 97: ¿Cuántos años tenía Peleg cuando murió?
R: Doscientos treinta y nueve años.

158. Pregunta 98: ¿Cuántos años vivió Reu después de que nació Serug?
R: Doscientos siete años (Génesis 11:21) [Gen. 6:7].

159. Pregunta 99: ¿Cuántos años tenía Reu cuando murió?
R: Doscientos treinta y nueve años.

160. Pregunta 100: ¿Cuántos años vivió Serug después de que nació Nacor?
R: Doscientos años (Génesis 11:23) [Gen. 6:7].

161. Pregunta 101: ¿Cuántos años tenía Serug cuando murió?
R: Doscientos treinta años.

162. Pregunta 102: ¿Cuántos años vivió Nacor después de que nació Taré?
R: Ciento diecinueve años (Génesis 11:25) [Gen. 6:7].

163. Pregunta 103: ¿Cuántos años tenía Nacor cuando murió?
R: Ciento cuarenta y ocho años.

164. Pregunta 104: ¿Cuántos años vivió Taré después de que nació Abraham?
R: Suponiendo que Taré tenía ciento treinta años cuando nació Abraham, él vivió setenta y cinco años, pero si Abraham nació cuando Taré tenía setenta años, él vivió ciento treinta y cinco años.

165. Pregunta 105: ¿Cuántos años tenía Taré cuando murió?
R: Doscientos cinco años (Génesis 11:32) [Gen. 6:8]. Para este relato desde el nacimiento de Arfaxad hasta la muerte de Taré, véase ¶48.

166. Pregunta 106: ¿En qué año del mundo murió Peleg?
R: De acuerdo con la cronología anterior, él murió en el año mil novecientos noventa y seis del mundo.

167. Pregunta 107: ¿En qué año del mundo murió Nacor?
R: En el año mil novecientos noventa y siete.

168. Pregunta 108: ¿En qué año del mundo murió Noé?
R: En el año dos mil y seis.

169. Pregunta 109: ¿En qué año del mundo murió Reu?
R: En el año dos mil veintiséis.

170. Pregunta 110: ¿En qué año del mundo murió Serug?
R: En el año dos mil cuarenta y nueve.

171. Pregunta 111: ¿En qué año del mundo murió Taré?
R: En el año dos mil ochenta y tres.

172. Pregunta 112: ¿En qué año del mundo murió Arfaxad?
R: En el año dos mil noventa y seis.

173. Pregunta 113: ¿En qué año del mundo murió Selah?
R: En el año dos mil ciento veintiséis.

174. Pregunta 114: ¿En qué año del mundo murió Abraham?

R: En el año dos mil ciento ochenta y tres.

175. Pregunta 115: ¿En qué año del mundo murió Heber?
R: En el año dos mil ciento ochenta y siete. Para este relato del año del mundo en que murieron esos hombres, véase ¶¶49-50.

176. Pregunta 116: ¿Cuántos años tenía Nacor, hermano de Abraham, cuando murió Noé?
R: Cincuenta y ocho años.

177. Pregunta 117: ¿Cuántos años tenía Taré?
R: Ciento veintiocho años.

178. Pregunta 118: ¿Cuántos años tenía Serug?
R: Ciento ochenta y siete años.

179. Pregunta 119: ¿Cuántos años tenía Reu?
R: Doscientos diecinueve años.

180. Pregunta 120: ¿Cuántos años tenía Heber?
R: Doscientos ochenta y tres años.

181. Pregunta 121: ¿Cuántos años tenía Selah?
R: Trescientos trece años.

182. Pregunta 122: ¿Cuántos años tenía Arfaxad?
R: Trescientos cuarenta y ocho años.

183. Pregunta 123: ¿Cuántos años tenía Sem?
R: Cuatrocientos cuarenta y ocho años. Para el último relato, véase ¶51.

184. Pregunta 124: ¿Cuántos años tenía Abraham cuando murió Reu?
R: Dieciocho años, si nació cuando Taré tenía ciento treinta años.

185. Pregunta 125: ¿Cuántos años tenía él cuando murieron Serug y Nacor, hermano de Abraham?
R: Cuarenta y un años.

186. Pregunta 126: ¿Cuántos años tenía él cuando murió Taré?
R: Setenta y cinco años.

187. Pregunta 127: ¿Cuántos años tenía él cuando murió Arfaxad?
R: Ochenta y ocho años.

188. Pregunta 128: ¿Cuántos años tenía él cuando murió Selah?
R: Ciento dieciocho años.

189. Pregunta 129: ¿Cuántos años tenía él cuando murió Sem?
R: Ciento cincuenta años. Para esto véase ¶52.

190. Pregunta 130: ¿Cuántos personajes notables vivieron desde Noé hasta Abraham?
R: Diez.

191. Pregunta 131: ¿Cuáles son sus nombres?
R: Sem, Arfaxad, Selah, Heber, Peleg, Reu, Serug, Nacor, Taré y Nacor, hermano de Abraham (¶52).

192. Pregunta 132: ¿Cuántos de estos eran contemporáneos de Noé?
R: Todos.

193. Pregunta 133: ¿Cuántos de Abraham?
R: Ocho.

194. Pregunta 134: ¿Cuáles son sus nombres?
R: Nacor, el hermano de Abraham, Taré, Serug, Reu, Heber, Selah, Arfaxad y Sem (¶52).

195. Pregunta 135: ¿Cuántos eran contemporáneos tanto de Noé como de Abraham?
R: Ocho.

196. Pregunta 136: ¿Cuáles son sus nombres?
R: Sem, Arfaxad, Selah, Heber, Reu, Serug, Taré y Nacor, hermano de Abraham (¶52).

197. Pregunta 137: ¿Alguno de estos hombres murió antes que Noé?

R: Sí.

198. Pregunta 138: ¿Quiénes eran?
R: Peleg, en cuyos días se dividió la tierra y Nacor, el abuelo de Abraham (¶49).

199. Pregunta 139: ¿Alguno de ellos vivió más tiempo que Abraham?
R: Hubo uno (¶50).

200. Pregunta 140: ¿Quién era?
R: Heber, el cuarto desde Noé (¶50).

201. Pregunta 141: ¿En qué días se dividió la tierra?
R: En los días de Peleg.

202. Pregunta 142: ¿Dónde tenemos el relato de que la tierra se dividió en los días de Peleg?
R: Génesis 10:25 [Gen. 6:4].

203. Pregunta 143: ¿Puede repetir la frase?
R: A Heber le nacieron dos hijos; el nombre de uno fue Peleg, porque en sus días se dividió la tierra.

204. Pregunta 144: ¿Qué testimonio tienen los hombres, en primera instancia, de que hay un Dios?
R: El testimonio humano, y sólo el testimonio humano (¶56).

205. Pregunta 145: ¿Qué motivó a los antiguos santos a buscar diligentemente el conocimiento de la gloria de Dios, sus perfecciones y atributos?
R: La credibilidad que dieron al testimonio de sus padres (¶56).

206. Pregunta 146: ¿Cómo obtienen los hombres un conocimiento de la gloria de Dios, sus perfecciones y atributos?
R: Al dedicarse a su servicio, mediante la oración y la súplica incesantemente, fortaleciendo su fe en él, hasta que como Enoc, el hermano de Jared y Moisés, obtienen una manifestación de Dios para sí mismos (¶55).

207. Pregunta 147: ¿Es el conocimiento de la existencia de Dios una cuestión de mera tradición, fundado sólo en el testimonio humano, hasta que una persona recibe una manifestación de Dios para sí misma?
R: Sí, lo es.

208. Pregunta 148: ¿Cómo se demuestra?
R: De la totalidad de la primera y segunda conferencia.

[Ver el Apéndice: Cronología de los Patriarcas]

CONFERENCIA TERCERA

De la fe

1. En la segunda conferencia se demostró cómo fue que el conocimiento de la existencia de Dios vino al mundo, y por qué medio se sugirieron los primeros pensamientos a la mente de los hombres de que tal ser realmente existía. Y que fue por el conocimiento de su existencia que había un fundamento establecido para el ejercicio de la fe en él como el único ser en el que la fe podía centrarse para la vida y la salvación. Porque la fe no podía centrarse en un ser de cuya existencia no teníamos idea, porque la idea de su existencia en primera instancia es esencial para el ejercicio de la fe en él. Romanos 10:14 [Rom. 1:49]: ¿Cómo, pues, invocarán a aquel en quien no han creído? ¿Y cómo creerán en aquel de quien no han oído? ¿Y cómo oirán sin haber quien les predique (o uno enviado para decirles)? Así que la fe viene por oír la palabra de Dios (Nueva Traducción).

2. Observemos aquí que tres cosas son necesarias para que cualquier ser racional e inteligente pueda ejercer fe en Dios para la vida y la salvación.

3. Primero, la idea de que él realmente existe.

4. En segundo lugar, una idea correcta de su carácter, perfecciones y atributos.

5. En tercer lugar, un conocimiento cierto de que el curso de la vida que está siguiendo es conforme a su voluntad. Porque sin un conocimiento de estos tres datos importantes, la fe de todo ser racional debe ser imperfecta e improductiva, pero con este entendimiento puede llegar a ser perfecta y fructífera, abundando en rectitud para la alabanza y la gloria de Dios el Padre y el Señor Jesucristo.

6. Habiendo conocido previamente la forma en que la idea de su existencia vino al mundo, así como el hecho de su existencia, procederemos a examinar su carácter, perfecciones y atributos, para que esta clase pueda ver no sólo las bases justas que tienen para el

ejercicio de la fe en él para la vida y la salvación, sino las razones por las que todo el mundo también, en la medida en que se extiende la idea de su existencia, puede tener para ejercer fe en él, el Padre de todos los vivientes.

7. Como hemos estado en deuda con una revelación que Dios hizo de sí mismo a sus criaturas, en primer lugar, por la idea de su existencia, así de la misma manera estamos en deuda con las revelaciones que él nos ha dado para una correcta comprensión de su carácter, perfecciones y atributos, porque sin las revelaciones que él nos ha dado, ningún hombre podría hallarlo a Dios con solo buscarle: Job 11:7-9 [Job 5:2]. 1 Corintios 2:9-11 [1 Cor. 1:8]: Antes bien, como está escrito: Cosas que ojo no vio, ni oído oyó, ni han subido al corazón del hombre, son las que Dios ha preparado para aquellos que le aman. Pero Dios nos las reveló a nosotros por el espíritu, porque el espíritu todo lo escudriña, aun lo profundo de Dios. Porque, ¿quién de los hombres sabe las cosas del hombre, sino el espíritu del hombre que está en él? Así tampoco nadie conoció las cosas de Dios, sino por el espíritu de Dios.

8. Habiendo dicho esto, procedemos a examinar el carácter de Dios que las revelaciones han dado.

9. Moisés nos da el siguiente relato en Éxodo 34:6 [Ex. 18:6]: Y pasando Jehová por delante de él, proclamó: Jehová, Jehová, Dios misericordioso y piadoso, tardo para la ira y abundante en benignidad y verdad. Salmos 103:6-8 [Sal. 103:1]: Jehová es el que hace justicia y juicios a todos los oprimidos. Sus caminos dio a conocer a Moisés, y a los hijos de Israel, sus obras. Misericordioso y clemente es Jehová, lento para la ira y grande en misericordia. Salmos 103:17,18 [Sal. 103:2]: Mas la misericordia de Jehová es desde la eternidad y hasta la eternidad sobre los que le temen, y su justicia sobre los hijos de los hijos, sobre los que guardan su convenio y los que se acuerdan de sus mandamientos para ponerlos por obra. Salmos 90:2 [Sal. 90:1]: Antes que naciesen los montes y formases la tierra y el mundo, y desde la eternidad y hasta la eternidad, tú eres Dios. Hebreos 1:10-12 [Heb. 1:2]: Y Tú, oh Señor, en el principio fundaste la tierra, y los cielos son obra de tus manos. Ellos perecerán, mas tú permaneces; y todos ellos se envejecerán

como una vestidura; y como un vestido los envolverás, y serán mudados; pero tú eres el mismo, y tus años no acabarán. Santiago 1:17 [Epístola de Jacobo 1:5]: Toda buena dádiva y todo don perfecto viene de lo alto, y desciende del Padre de las luces, en quien no hay cambio ni sombra de variación. Malaquías 3:6 [Mal. 1:6]: Porque yo soy Jehová y no cambio; por esto vosotros, hijos de Jacob, no habéis sido consumidos.

10. Libro de mandamientos, capítulo 2do, comenzando en la tercera línea del primer párrafo [JSH 10:2]: Porque Dios no anda por vías torcidas, ni se vuelve a la derecha ni a la izquierda, ni se aparta de lo que ha dicho; por tanto, sus sendas son rectas y su vía es un giro eterno. Libro de mandamientos, cap. 37:1 [T&C 18:1]: Escuchad la voz del Señor vuestro Dios, el Alfa y la Omega, el Principio y el Fin, cuya vía es un giro eterno, el mismo hoy que ayer y para siempre.

11. Números 23:19 [Num. 10:24]: Dios no es hombre, para que mienta, ni hijo de hombre para que se arrepienta. 1 Juan 4:8 [1 Juan 1:19]: El que no ama, no conoce a Dios, porque Dios es amor. Hechos 10:34 [Hechos 6:7]: Entonces Pedro, abriendo la boca, dijo, En verdad comprendo que Dios no hace acepción de personas, sino que en toda nación se agrada del que le teme y hace lo justo.

12. De los testimonios anteriores aprendemos las siguientes cosas con respecto al carácter de Dios:

13. Primero, que él era Dios antes de que el mundo fuera creado, y el mismo Dios que él era después de que fue creado.

14. En segundo lugar, que él es misericordioso y clemente, lento para la ira, abundante en benignidad, y que lo fue desde la eternidad y lo será hasta la eternidad.

15. En tercer lugar, que él no cambia, ni hay variación en él, sino que él es el mismo desde la eternidad y hasta la eternidad, siendo el mismo ayer, hoy y para siempre; y que su vía es un giro eterno, sin variación.

16. En cuarto lugar, que él es un Dios de verdad y no puede mentir.

17. En quinto lugar, que él no hace acepción de personas, sino que en toda nación se agrada del que le teme a Dios y hace lo justo.

18. En sexto lugar, que él es amor.

19. El conocimiento de estos atributos en el carácter divino es esencialmente necesario para que la fe de cualquier ser racional pueda centrarse en él para la vida y la salvación. Porque si no se creyera, en primera instancia, que él es Dios, es decir, el creador y el sostenedor de todas las cosas, no se podría centrar la fe en él para la vida y la salvación, por temor a que hubiera un ser mayor que él que frustrara todos sus planes, y él, como los dioses de los paganos, fuera incapaz de cumplir sus promesas. Pero al ver que él es Dios sobre todas las cosas, de eternidad en eternidad, el creador y sostenedor de todas las cosas, no puede existir tal temor en la mente de aquellos que ponen su confianza en él, de modo que en este respecto su fe puede ser inquebrantable.

20. Pero en segundo lugar: a menos que él fuera misericordioso y clemente, lento para la ira, sufrido y lleno de benignidad, tal es la debilidad de la naturaleza humana y tan grandes las flaquezas e imperfecciones de los hombres que a menos que creyeran que estas excelencias existían en el carácter divino, la fe necesaria para la salvación no podría existir. Porque la duda tomaría el lugar de la fe, y aquellos que conocen su debilidad y susceptibilidad de pecar estarían en constante duda de la salvación, si no fuera por la idea que tienen de la excelencia del carácter de Dios: que él es lento para la ira, y sufrido, y de una disposición perdonadora, y perdona la iniquidad, la transgresión y el pecado. Una idea de estos hechos elimina la duda y hace que la fe sea extremadamente fuerte.

21. Pero es igualmente necesario que los hombres tengan la idea de que él es un Dios que no cambia para tener fe en él como para tener la idea de que él es clemente y tardo para la ira. Porque sin la idea de inmutabilidad en el carácter de la Deidad, la duda tomaría el lugar de la fe. Pero con la idea de que él no cambia, la fe se aferra a las excelencias en su carácter con una confianza inquebrantable, creyendo que él es el mismo ayer, hoy y para siempre, y que su vía es un giro eterno.

22. Y de nuevo, la idea de que él es un Dios de verdad y no puede mentir es igualmente necesaria para el ejercicio de la fe en él como la idea de su inmutabilidad. Porque sin la idea de que él era un Dios de verdad y no podía mentir, la confianza necesaria para colocarse en su palabra para el ejercicio de la fe en él no podía existir. Pero al tener la idea de que él no es hombre que pueda mentir, da poder a la mente de los hombres para ejercer fe en él.

23. Pero también es necesario que los hombres tengan la idea de que él no hace acepción de personas, ya que con la idea de todas las otras excelencias en su carácter y faltando ésta, los hombres no podrían ejercer fe en él; porque si él hiciera acepción de personas, no podrían saber cuáles eran sus privilegios, ni hasta qué punto estaban autorizados a ejercer fe en él, o si estaban autorizados a hacerlo en lo más mínimo; sino todo debería ser confusión. Pero tan pronto como la mente de los hombres conoce la verdad sobre este punto — que él no hace acepción de personas — ven que tienen autoridad por fe para aferrarse a la vida eterna, el don más rico del Cielo, porque Dios no hace acepción de personas y que cada hombre en cada nación tiene el mismo privilegio.

24. Y por último, pero no menos importante para el ejercicio de la fe en Dios, es la idea de que él es amor, porque con todas las demás excelencias en su carácter, sin que ésta las influya, no podrían tener un dominio tan poderoso sobre la mente de los hombres. Pero cuando la idea se planta en la mente de que él es amor, ¿quién no puede ver la base justa que los hombres de toda nación, tribu y lengua tienen para ejercer fe en Dios para obtener la vida eterna?

25. De la descripción anterior del carácter de la Deidad que se da en las revelaciones a los hombres, hay un fundamento seguro para el ejercicio de la fe en él entre todo pueblo, nación y tribu, de edad en edad, y de generación en generación.

26. Observemos aquí que lo anterior es el carácter de Dios que se da en sus revelaciones a los Santos de los Antiguos Días, y es también el carácter de él que se da en sus revelaciones a los Santos de los Últimos Días, de modo que los santos de los antiguos días y los de los últimos días son ambos iguales a este respecto; los "Santos de los

Últimos Días" tienen tan buenas bases para ejercer la fe en Dios como los santos de los antiguos días porque se les da a ambos el mismo carácter de él.

Preguntas y respuestas sobre los principios anteriores

27. Pregunta 1: ¿Qué se mostró en la segunda conferencia?
Respuesta: Se mostró cómo el conocimiento de la existencia de Dios vino al mundo (¶1).

28. Pregunta 2: ¿Cuál es el efecto de la idea de su existencia entre los hombres?
R: Establece el fundamento para el ejercicio de la fe en él (¶1).

29. Pregunta 3: ¿Es necesaria la idea de su existencia, en primera instancia, para el ejercicio de la fe en él?
R: Sí, lo es (¶1).

30. Pregunta 4: ¿Cómo se demuestra?
R: Romanos 10:14 [Rom. 1:49] (¶1).

31. Pregunta 5: ¿Cuántas cosas son necesarias para entender, respecto a la Deidad y nuestra relación con él, para que podamos ejercer la fe en él para la vida y la salvación?
R: Tres (¶2).

32. Pregunta 6: ¿Cuáles son?
R: Primero, que Dios realmente existe. En segundo lugar, las ideas correctas de su carácter, sus perfecciones y atributos. Y en tercer lugar, que el curso que seguimos es conforme a su mente y voluntad (¶¶3-5).

33. Pregunta 7: ¿La idea de una o dos de las cosas mencionadas anteriormente habilitaría a una persona ejercer la fe en Dios?
R: No, porque sin la idea de todas ellas, la fe sería imperfecta e improductiva (¶5).

34. Pregunta 8: ¿Una idea de estas tres cosas establecería un fundamento seguro para el ejercicio de la fe en Dios a fin de obtener la vida y la salvación?
R: Sí, porque por la idea de estas tres cosas, la fe podría llegar a ser perfecta y fructífera, abundando en rectitud para la alabanza y la gloria de Dios (¶5).

35. Pregunta 9: ¿Cómo debemos familiarizarnos con las cosas antes mencionadas respecto a la Deidad, y respecto a nosotros mismos?
R: Por revelación (¶6).

36. Pregunta 10: ¿Podrían descubrirse estas cosas por cualquier otro medio que no sea por la revelación?
R: No.

37. Pregunta 11: ¿Cómo se demuestra?
R: Por las escrituras: Job 11:7-9 [Job. 5:2], 1 Corintios 2:9-11 [1 Cor. 1:8] (¶7).

38. Pregunta 12: ¿Qué cosas aprendemos en las revelaciones de Dios respecto a su carácter?
R: Aprendemos las seis cosas siguientes: Primero, que él era Dios antes de que el mundo fuera creado y el mismo Dios que era después de que fue creado. En segundo lugar, que él es misericordioso y clemente, lento para la ira, abundante en benignidad, y que lo fue desde la eternidad, y lo será hasta la eternidad. En tercer lugar, que él no cambia, ni hay variación en él, y que su vía es un giro eterno. En cuarto lugar, que él es un Dios de verdad y no puede mentir. En quinto lugar, que él no hace acepción de personas. Y en sexto lugar, que él es amor (¶¶12–18).

39. Pregunta 13: ¿Dónde se encuentran las revelaciones que nos dan esta idea del carácter de la Deidad?
R: En la Biblia y el Libro de mandamientos, y se citan en la tercera conferencia (¶¶9–11).

40. Pregunta 14: ¿Qué efecto tendría en cualquier ser racional no tener una idea de que el Señor era Dios, el creador y sostenedor de todas las cosas?

R: Le impediría ejercer la fe en él para la vida y la salvación.

41. Pregunta 15: ¿Por qué le impediría ejercer la fe en Dios?
R: Porque él sería como los paganos, sin saber si podría haber un ser mayor y más poderoso que él, y por lo tanto se le impediría cumplir sus promesas (¶19).

42. Pregunta 16: ¿Esta idea evita esta duda?
R: Sí, porque las personas que tienen esta idea están habilitadas para ejercer la fe sin esta duda (¶19).

43. Pregunta 17: ¿No es necesario también tener la idea de que Dios es misericordioso y piadoso, tardo para la ira y lleno de benignidad?
R: Sí, lo es (¶20).

44. Pregunta 18: ¿Por qué es necesario?
R: Debido a la debilidad e imperfecciones de la naturaleza humana y las grandes flaquezas del hombre; porque tal es la debilidad del hombre y tales sus flaquezas que él es susceptible de pecar continuamente, y si Dios no fuera tardo para la ira y lleno de compasión, piadoso y misericordioso, y de una disposición perdonadora, el hombre quedaría separado de él, en consecuencia de lo cual él estaría en duda continua y no podría ejercer la fe: porque donde hay dudas, allí la fe no tiene poder. Pero al creer que Dios es lleno de compasión y perdón, sufrido y lento para la ira, se puede ejercer fe en él y superar la duda para ser extremadamente fuerte (¶20).

45. Pregunta 19: ¿No es igualmente necesario que el hombre tenga la idea de que Dios no cambia, ni hay variación con él, para ejercer la fe en él para la vida y la salvación?
R: Sí, lo es, porque sin esto, no sabría cuán pronto la misericordia de Dios podría convertirse en crueldad, su longanimidad en imprudencia, su amor en odio y en consecuencia de la duda el hombre sería incapaz de ejercer la fe en él. Pero al tener la idea de que él es inmutable, el hombre puede tener fe en él continuamente, creyendo que lo que él fue ayer lo es hoy y lo será para siempre (¶21).

46. Pregunta 20: ¿No es necesario también que los hombres tengan la idea de que Dios es un ser de verdad antes de que puedan tener una fe perfecta en él?

R: Sí, lo es, porque a menos que los hombres tengan esta idea, no pueden confiar en su palabra, y al no poder confiar en su palabra, no podrían tener fe en él. Pero al creer que él es un Dios de verdad y que su palabra no puede fallar, su fe puede reposar en él sin duda (¶22).

47. Pregunta 21: ¿Podría el hombre ejercer la fe en Dios para obtener la vida eterna a menos que creyera que Dios no hace acepción de personas?

R: No, no podría, porque sin esta idea no podría saber con certeza que era su privilegio hacerlo, y como consecuencia de esta duda su fe no podría ser lo suficientemente fuerte para salvarlo (¶23).

48. Pregunta 22: ¿Sería posible que un hombre ejerciera la fe en Dios para ser salvo a menos que tuviera la idea de que Dios es amor?

R: No, no se podría, porque el hombre no podría amar a Dios a menos que tuviera una idea de que Dios es amor, y si no le amara a Dios, no podría tener fe en él (¶24).

49. Pregunta 23: ¿Qué se propone hacer la descripción que los escritores sagrados dan del carácter de la Deidad?

R: Se propone establecer un fundamento para el ejercicio de la fe en él, en la medida en que el conocimiento se extiende entre todo pueblo, lengua, idioma, tribu y nación, y eso de edad en edad y de generación en generación (¶25).

50. Pregunta 24: ¿Es uniforme el carácter que Dios ha dado de sí mismo?

R: Sí, lo es, en todas sus revelaciones, ya sea a los Santos de los Antiguos Días o a los Santos de los Últimos Días, de modo que todos tienen la autoridad para ejercer fe en él y esperar, por el ejercicio de su fe, disfrutar de las mismas bendiciones (¶26).

CONFERENCIA CUARTA

De la fe

1. Habiendo demostrado en la tercera conferencia que las ideas correctas del carácter de Dios son necesarias para el ejercicio de la fe en él para la vida y la salvación, y que sin las ideas correctas de su carácter, la mente de los hombres no podría tener suficiente poder con Dios para el ejercicio de la fe necesaria para el disfrute de la vida eterna, y que las ideas correctas de su carácter establecen un fundamento, en lo que se respecta a su carácter, para el ejercicio de la fe para disfrutar de la plenitud de la bendición del evangelio de Jesucristo, sí, la de gloria Eterna, procederemos ahora a mostrar la conexión que existe entre las ideas correctas de los atributos de Dios y el ejercicio de la fe en él para la vida eterna.

2. Observemos aquí que el verdadero designio que el Dios del Cielo tenía en mente al dar a conocer a la familia humana sus atributos era que ellos, mediante las ideas de la existencia de sus atributos, pudieran ejercer fe en él, y mediante el ejercicio de la fe en él pudieran obtener la vida eterna. Porque sin la idea de la existencia de los atributos que pertenecen a Dios, la mente de los hombres no podría tener el poder de ejercer la fe en él para aferrarse a la vida eterna. El Dios del Cielo, entendiendo tan perfectamente la constitución de la naturaleza humana y la debilidad del hombre, sabía lo que era necesario revelar y qué ideas debían plantarse en sus mentes para que pudieran ejercer la fe en él para la vida eterna.

3. Habiendo dicho esto, procederemos a examinar los atributos de Dios como se exponen en sus revelaciones a la familia humana, y a mostrar cuán necesarias son las ideas correctas de sus atributos para hacer posible que los hombres ejerzan fe en él. Porque sin que estas ideas se plantaran en la mente de los hombres, estaría fuera del poder de cualquier persona o personas ejercer la fe en Dios para obtener la vida eterna. De modo que las comunicaciones divinas dadas al hombre en primera instancia fueron diseñadas para establecer en sus mentes las ideas necesarias para habilitarles a ejercer la fe en Dios, y por este medio ser partícipes de su gloria.

4. Tenemos, en las revelaciones que él ha dado a la familia humana, el siguiente relato de sus atributos:

5. Primero, el conocimiento. Hechos 15:18 [Hechos 9:8]: Conocidas son a Dios todas sus obras desde la fundación del mundo. Isaías 46:9,10 [Isa. 15:21]: Acordaos de las cosas pasadas desde los tiempos antiguos, porque yo soy Dios, y no hay ningún otro; yo soy Dios, y nada hay semejante a mí, que anuncio lo por venir desde el principio, y desde la antigüedad lo que aún no era hecho; que digo: Mi consejo permanecerá, y haré todo lo que quiero.

6. En segundo lugar, la fe o el poder. Hebreos 11:3 [Heb. 1:36]: Por la fe entendemos que los mundos fueron formados por la palabra de Dios. Génesis 1:1 [Gen. 2:2]: En el principio creó Dios los cielos y la tierra. Isaías 14:24,27 [Isa. 6:7]: Jehová de los ejércitos ha jurado, diciendo: Ciertamente se hará de la manera que lo he pensado, y como lo he determinado, será confirmado; Porque Jehová de los ejércitos lo ha determinado, ¿y quién lo impedirá? Y su mano extendida, ¿quién la hará volver atrás?

7. En tercer lugar, la justicia. Salmos 89:14 [Ps. 89:3]: La justicia y el juicio son el fundamento de tu trono. Isaías 45:21 [Isa. 15:19]: Declarad y hacedlos acercarse; sí, deliberen juntos. ¿Quién hizo oír esto desde tiempos antiguos y lo tiene dicho desde entonces, sino yo, Jehová? Y no hay más Dios que yo, Dios justo y Salvador; no hay otro fuera de mí. Sofonías 3:5 [Sof. 1:10]: Jehová en medio de ella es justo. Zacarías 9:9 [Zac. 1:26]: Alégrate mucho, oh hija de Sion; da voces de júbilo, oh hija de Jerusalén; he aquí, tu rey viene a ti, justo y trayendo salvación.

8. En cuarto lugar, el juicio. Salmos 89:14 [Sal. 89:3]: La justicia y el juicio son el fundamento de tu trono. Deuteronomio 32:4 [Deut. 9:14]: Él es la Roca, cuya obra es perfecta, porque todos sus caminos son justos; Es un Dios de verdad y no hay maldad en él. Es justo y recto. Salmos 9:7 [Sal. 9:2]: Pero Jehová permanecerá para siempre; ha dispuesto su trono para juicio. Salmos 9:16 [Sal. 9:4]: Jehová se ha dado a conocer por el juicio que hace.

9. En quinto lugar, la misericordia. Salmos 89:14 [Sal. 89:3]: La misericordia y la verdad van delante de tu rostro. Éxodo 34:6 [Ex. 18:6]: Y pasando Jehová por delante de él, proclamó: Jehová, Jehová, Dios misericordioso y piadoso. Nehemías 9:17 [Neh. 2:36]: Pero tú eres un Dios que perdonas, clemente y misericordioso.

10. Y en sexto lugar, la verdad. Salmos 89:14 [Sal. 89:3]: La misericordia y la verdad van delante de tu rostro. Éxodo 34:6 [Ex. 18:6]: Tardo para la ira y abundante en benignidad y verdad. Deuteronomio 32:4 [Deut. 9:14]: Él es la Roca, cuya obra es perfecta, porque todos sus caminos son justos; Es un Dios de verdad y no hay maldad en él. Es justo y recto. Salmos 31:5 [Sal. 31:1]: En tus manos encomiendo mi espíritu; tú me has redimido, oh Jehová, Dios de verdad.

11. Con un poco de reflexión se verá que la idea de la existencia de estos atributos en la Deidad es necesaria para habilitarle a cualquier ser racional para ejercer fe en él. Porque sin la idea de la existencia de estos atributos en la Deidad los hombres no podrían ejercer fe en él para la vida y la salvación, ya que sin el conocimiento de todas las cosas, Dios no sería capaz de salvar ninguna porción de sus criaturas. Porque es por el conocimiento que tiene de todas las cosas, desde el principio hasta el fin, que le hace posible dar ese entendimiento a sus criaturas, por el cual se hacen partícipes de la vida eterna; y si no fuera por la idea que existe en la mente de los hombres de que Dios tiene todo conocimiento, sería imposible que ejercieran fe en él.

12. Y no es menos necesario que los hombres tengan la idea de la existencia del atributo del poder en la Deidad. Porque a menos que Dios tuviera poder sobre todas las cosas y fuera capaz, por su poder, de controlar todas las cosas y así liberar a sus criaturas que ponen su confianza en él del poder de todos los seres que busquen su destrucción, ya sea en el Cielo, en la tierra, o en el infierno, los hombres no podrían ser salvos. Pero con la idea de la existencia de este atributo plantada en la mente, los hombres sienten como si no tuvieran nada que temer, que ponen su confianza en Dios, creyendo que él tiene el poder para salvar enteramente a todos los que se acercan a él.

13. También es necesario, para el ejercicio de la fe en Dios para la vida y la salvación, que los hombres tengan la idea de la existencia del atributo de la justicia en él. Porque sin la idea de la existencia del atributo de la justicia en la Deidad, los hombres no podrían tener la confianza suficiente para colocarse bajo su guía y dirección, porque estarían llenos de miedo y duda, que el Juez de toda la tierra no hiciera lo que es justo; y por lo tanto el miedo, o la duda, que existe en la mente, impediría la posibilidad del ejercicio de la fe en él para la vida y la salvación. Pero cuando la idea de la existencia del atributo de la justicia en la Deidad está bastante plantada en la mente, no deja lugar a la duda para entrar en el corazón, y la mente está habilitada para entregarse al Todopoderoso sin temor, y sin duda, y con la más inquebrantable confianza, creyendo que el Juez de toda la tierra hará lo que es justo.

14. También es de igual importancia que los hombres tengan la idea de la existencia del atributo del juicio en Dios para que puedan ejercer fe en él para la vida y la salvación, porque sin la idea de la existencia de este atributo en la Deidad, sería imposible que los hombres ejercieran la fe en él para la vida y la salvación, ya que es mediante el ejercicio de este atributo que los fieles en Cristo Jesús son liberados de las manos de aquellos que buscan su destrucción. Porque si Dios no saliera con juicio repentino contra los que hacen iniquidad y los poderes de las tinieblas, sus santos no podrían ser salvos, porque es por el juicio que el Señor libera a sus santos de las manos de todos sus enemigos y de aquellos que rechazan el evangelio de nuestro Señor Jesucristo. Pero tan pronto como la idea de la existencia de este atributo se planta en la mente de los hombres da poder a la mente para el ejercicio de la fe y la confianza en Dios y se les hace posible, por la fe, aferrarse a las promesas que se les presentan y pasar por todas las tribulaciones y aflicciones a las que están sujetos por causa de la persecución de aquellos que no conocen a Dios y no obedecen el evangelio de nuestro Señor Jesucristo; creyendo que en el debido tiempo el Señor saldrá en juicio repentino contra sus enemigos, y serán talados de delante de él, y que en su debido tiempo él los llevará de vencedores y más que vencedores en todas las cosas.

15. Y de nuevo, es igualmente importante que los hombres tengan la idea de la existencia del atributo de la misericordia en la Deidad para ejercer la fe en él para la vida y la salvación. Porque sin la idea de la existencia de este atributo en la Deidad, el espíritu de los santos se desmayaría en medio de las tribulaciones, aflicciones y persecuciones que tienen que soportar por causa de la rectitud. Pero cuando la idea de la existencia de este atributo se establece en la mente, da vida y energía al espíritu de los santos, creyendo que la misericordia de Dios será derramada sobre ellos en medio de sus aflicciones, y que él se compadecerá de ellos en sus sufrimientos, y que la misericordia de Dios echará mano de ellos y los guardará en los brazos de su amor para que reciban un galardón completo por todos sus sufrimientos.

16. Y por último, pero no menos importante para el ejercicio de la fe en Dios, es la idea de la existencia del atributo de la verdad en él. Pues sin la idea de la existencia de este atributo la mente del hombre no podría tener nada sobre lo que pudiera apoyarse con certeza; todo sería confusión y duda. Pero con la idea de la existencia de este atributo en la Deidad en la mente, todas las enseñanzas, instrucciones, promesas y bendiciones se convierten en realidades, y la mente está habilitada para aferrarse de ellas con certeza y confianza, creyendo que estas cosas, y todo lo que el Señor ha dicho, se cumplirán en su tiempo, y que todas las maldiciones, denuncias y juicios pronunciados sobre la cabeza de los injustos también serán ejecutados en el debido tiempo del Señor. Y por causa de la verdad y veracidad de él, la mente contempla su liberación y salvación como algo seguro.

17. Que la mente reflexione sinceramente y francamente sobre las ideas de la existencia de los atributos antes mencionados en la Deidad y se verá que, en lo que respecta a sus atributos, hay un fundamento seguro establecido para el ejercicio de la fe en él para la vida y la salvación. Porque en la medida en que Dios posee el atributo del conocimiento, él puede dar a conocer a sus santos todas las cosas necesarias para su salvación. Y como posee el atributo del poder, él es capaz de librarlos del poder de todos los enemigos. Y viendo también que la justicia es un atributo de la Deidad, él los tratará según los principios de rectitud y equidad, y se les concederá

una recompensa justa por todas sus aflicciones y sufrimientos a causa de la verdad. Y como el juicio es un atributo de la Deidad también, sus santos pueden tener la más inquebrantable confianza de que, en el debido tiempo, obtendrán una liberación perfecta de las manos de todos sus enemigos y una victoria completa sobre todos aquellos que han buscado su daño y destrucción. Y como la misericordia es también un atributo de la Deidad, sus santos pueden tener confianza en que se ejercerá para con ellos, y mediante el ejercicio de ese atributo para con ellos, se les administrará consuelo y consolación abundantemente en medio de todas sus aflicciones y tribulaciones. Y por último, al darse cuenta de que la verdad es un atributo de la Deidad, se lleva la mente a regocijarse en medio de todas sus dificultades y tentaciones, en la esperanza de esa gloria que será presentada cuando Jesucristo sea manifestado, y en vista de esa corona que se colocará sobre la cabeza de los santos en el día en que el Señor les distribuya recompensas, y en perspectiva de ese peso Eterno de gloria que el Señor ha prometido otorgarles cuando los lleve en medio de su trono para morar en su presencia eternamente.

18. En vista, entonces, de la existencia de estos atributos, la fe de los santos puede volverse extremadamente fuerte, abundando en rectitud para la alabanza y la gloria de Dios, y puede ejercer su poderosa influencia en la búsqueda de la sabiduría y la comprensión hasta que haya obtenido un conocimiento de todas las cosas que pertenecen a la vida y la salvación.

19. Tal, entonces, es el fundamento que se establece mediante la revelación de los atributos de Dios para el ejercicio de la fe en él para la vida y la salvación, y ya que estos son atributos de la Deidad, son inmutables — siendo lo mismo ayer, hoy y para siempre — lo que da a la mente de los Santos de los Últimos Días el mismo poder y autoridad para ejercer la fe en Dios que tenían los Santos de los Antiguos Días, de modo que todos los santos, en este respecto, han sido, son y serán iguales hasta el fin de los tiempos, porque Dios nunca cambia, por lo tanto sus atributos y carácter permanecen para siempre lo mismo. Y ya que es mediante la revelación de éstos que se establece un fundamento para el ejercicio de la fe en Dios para la vida y la salvación, el fundamento, por lo tanto, para el

ejercicio de la fe fue, es y siempre será el mismo, de modo que todos los hombres han tenido y tendrán el mismo privilegio.

Preguntas y respuestas sobre los principios anteriores

20. Pregunta 1: ¿Qué se mostró en la tercera conferencia?
Respuesta: Se demostró que las ideas correctas del carácter de Dios son necesarias para ejercer la fe en él para la vida y la salvación, y que sin las ideas correctas de su carácter, los hombres no podrían tener poder para ejercer la fe en él para la vida y la salvación, sino que las ideas correctas de su carácter, en lo que respecta a su carácter en el ejercicio de la fe en él, establecen un fundamento seguro para el ejercicio de la misma (¶1).

21. Pregunta 2: ¿Qué objeto tenía el Dios del Cielo al revelar sus atributos a los hombres?
R: Que mediante un conocimiento de sus atributos pudieran ejercer la fe en él para obtener la vida eterna (¶2).

22. Pregunta 3: ¿Podrían los hombres ejercer la fe en Dios sin conocer sus atributos para poder aferrarse a la vida eterna?
R: No, no podrían (¶¶2, 3).

23. Pregunta 4: ¿Qué relato se da de los atributos de Dios en sus revelaciones?
R: Primero, el conocimiento, en segundo lugar, la fe o el poder, en tercer lugar, la justicia, en cuarto lugar, el juicio, en quinto lugar, la misericordia y en sexto lugar, la verdad (¶¶4–10).

24. Pregunta 5: ¿Dónde se encuentran las revelaciones que dan este relato de los atributos de Dios?
R: En el Antiguo y Nuevo Testamento, y se citan en la cuarta conferencia, quinto, sexto, séptimo, octavo, noveno y décimo párrafos.*

25. Pregunta 6: ¿Es necesaria la idea de la existencia de esos atributos en la Deidad para habilitarle a cualquier ser racional para ejercer la fe en él para la vida y la salvación?
R: Sí, lo es.

26. Pregunta 7: ¿Cómo se demuestra?
R: Por los párrafos undécimo, duodécimo, decimotercero, decimocuarto, décimoquinto y decimosexto de esta conferencia.*

27. Pregunta 8: ¿La idea de la existencia de estos atributos en la Deidad, en lo que respecta a sus atributos, habilita a un ser racional para ejercer fe en él para la vida y la salvación?
R: Sí.

28. Pregunta 9: ¿Cómo se demuestra?
R: Por los párrafos decimoséptimo y decimoctavo.*

29. Pregunta 10: ¿Tienen los Santos de los Últimos Días tanta autoridad, por medio de la revelación de los atributos de Dios, para ejercer fe en él como la que tenían los Santos de los Antiguos Días?
R: Sí, la tienen.

30. Pregunta 11: ¿Cómo se demuestra?
R: Por el párrafo decimonoveno de esta conferencia.*

*Que el alumno vuelva y aprenda de memoria esos párrafos.

CONFERENCIA QUINTA

De la fe

1. En nuestras conferencias anteriores tratamos el ser, el carácter, las perfecciones y los atributos de Dios. Lo que queremos decir con perfecciones es: las perfecciones que pertenecen a todos los atributos de su naturaleza. En esta conferencia, hablaremos de la Deidad: nos referimos al Padre, al Hijo y al espíritu santo.

2. Hay dos personajes que constituyen el gran, incomparable, gobernante y supremo poder sobre todas las cosas — por quienes todas las cosas fueron creadas y hechas, las que son creadas y hechas, ya sean visibles o invisibles, ya sea en el Cielo, sobre la tierra, o en la tierra, debajo de la tierra o a través de toda la inmensidad del espacio — ellos son el Padre y el Hijo: el Padre es un personaje de espíritu, gloria y poder: que posee toda perfección y plenitud; el Hijo, que estaba en el seno del Padre, un personaje de tabernáculo, hecho o formado semejante al hombre, o siendo en forma y semejanza del hombre, o más bien, el hombre se formó a su semejanza y a su imagen — él es también la imagen misma y semejanza del personaje del Padre, que posee toda la plenitud del Padre, o la misma plenitud con el Padre, siendo engendrado por él, y fue ordenado desde antes de la fundación del mundo para ser una propiciación por los pecados de todos los que crean en su nombre, y se le llama el Hijo por causa de la carne — y descendió en el sufrimiento por debajo de lo que el hombre puede sufrir, o en otras palabras, padeció mayores sufrimientos y quedó expuesto a contradicciones más poderosas de lo que cualquier hombre puede. Pero a pesar de todo esto, él guardó la ley de Dios y permaneció sin pecado, demostrando así que está en el poder del hombre guardar la ley y permanecer también sin pecado. Y también, para que por él un justo juicio venga sobre toda carne y para que todos los que no andan en la ley de Dios sean justamente condenados por la ley y no tengan excusa por sus pecados. Y siendo el Unigénito del Padre, lleno de gracia y de verdad, y habiendo vencido, recibió una plenitud de la gloria del Padre — poseyendo la misma mente con el Padre, cuya mente es el espíritu santo que da testimonio del Padre y del Hijo, y estos tres son uno, o en otras palabras, estos tres constituyen el gran, incomparable, gobernante y supremo poder

sobre todas las cosas, por quienes todas las cosas fueron creadas y hechas las que fueron creadas y hechas. Y estos tres constituyen la Deidad y son uno: el Padre y el Hijo que poseen la misma mente, la misma sabiduría, gloria, poder y plenitud, que todo lo llena en todo — el Hijo lleno de la plenitud de la mente, gloria y poder, o en otras palabras, el espíritu, la gloria y el poder del Padre — que posee todo el conocimiento y gloria, y el mismo reino: sentado a la diestra del poder, en la imagen misma y semejanza del Padre — un mediador para el hombre — lleno de la plenitud de la mente del Padre, o en otras palabras, el espíritu del Padre, cuyo espíritu se derrama sobre todos los que creen en su nombre y guardan sus mandamientos. Y todos aquellos que guardan sus mandamientos crecerán de gracia en gracia y llegarán a ser herederos del reino Celestial y coherederos con Jesucristo, poseyendo la misma mente, siendo transformados en la misma imagen o semejanza, sí, la imagen misma de aquel que todo lo llena en todo: llenos de la plenitud de su gloria, y ser uno en él, tal como el Padre, el Hijo y el espíritu santo son uno.

3. Del relato anterior de la Deidad que se da en sus revelaciones, los santos tienen un fundamento seguro establecido para el ejercicio de la fe para la vida y la salvación por medio de la expiación y mediación de Jesucristo, por cuya sangre tienen el perdón de pecados y también una recompensa segura reservada para ellos en el Cielo, sí, la de participar de la plenitud del Padre y del Hijo por medio del espíritu. Así como el Hijo participa de la plenitud del Padre por medio del espíritu, así los santos han de ser, por el mismo espíritu, partícipes de la misma plenitud, para gozar de la misma gloria, porque como el Padre y el Hijo son uno, así de la misma manera los santos han de ser uno en ellos: por el amor del Padre, la mediación de Jesucristo y el don del espíritu santo ellos han de ser herederos de Dios y coherederos con Jesucristo.

Preguntas y respuestas sobre los principios anteriores

4. Pregunta 1: ¿De qué tratan las conferencias anteriores?
Respuesta: Del ser, las perfecciones y los atributos de la Deidad (¶1).

5. Pregunta 2: ¿Qué debemos entender por las perfecciones de la Deidad?

R: Las perfecciones que pertenecen a sus atributos.

6. Pregunta 3: ¿Cuántos personajes hay en la Deidad?
R: Dos: el Padre y el Hijo (¶1).

7. Pregunta 4: ¿Cómo se demuestra que hay dos personajes en la Deidad?
R: Por las Escrituras: Génesis 1:26 [Gen. 2:8]: Y el Señor Dios dijo al Unigénito, que estaba con él desde el principio, Hagamos al hombre a nuestra imagen, conforme a nuestra semejanza – y fue hecho. Génesis 3:22 [Gen. 2:19]: Y el Señor Dios dijo al Unigénito, He aquí, el hombre ha llegado a ser como uno de nosotros: para conocer el bien y el mal. Juan 17:5 [Juan 9:19]: Ahora pues, O Padre, glorifícame tú con tu propio ser con aquella gloria que tuve contigo antes que el mundo fuese (¶2).

8. Pregunta 5: ¿Qué es el Padre?
R: Él es un personaje de gloria y de poder (¶2).

9. Pregunta 6: ¿Cómo se demuestra que el Padre es un personaje de gloria y de poder?
R: Isaías 60:19 [Isa. 22:1]: El sol nunca más te servirá de luz para el día, ni el resplandor de la luna te alumbrará, sino que Jehová te será luz eterna, y el Dios tuyo, tu gloria. 1 Crónicas 29:11 [1 Cr. 12:12]: Tuya es, oh Jehová, la grandeza y el poder, y la gloria. Salmos 29:3 [Sal. 29:1]: Voz de Jehová sobre las aguas. Truena el Dios de gloria. Salmos 79:9 [Sal. 79:3]: Ayúdanos, oh Dios de nuestra salvación, por causa de la gloria de tu nombre. Romanos 1:23 [Rom. 1:4]: Y cambiaron la gloria del Dios incorruptible en semejanza a imagen de hombre corruptible.

10. En segundo lugar, de poder. 1 Crónicas 29:11 [1 Cr. 12:12]: Tuya es, oh Jehová, la grandeza y el poder, y la gloria. Jeremías 32:17 [Jer. 13:3]: ¡Ah, Señor Jehová!, he aquí que tú hiciste el cielo y la tierra con tu gran poder y con tu brazo extendido. Nada hay que sea difícil para ti. Deuteronomio 4:37 [Deut. 2:7]: Y por cuanto él amó a tus padres, escogió a su descendencia después de ellos y te sacó delante de sí de Egipto con su gran poder. 2 Samuel 22:33 [2 Sam. 10:9]: Dios es mi fortaleza poderosa. Job 26:7-14 [Job 10:3-4]: Él extiende el

norte sobre el vacío; cuelga la tierra sobre la nada. Encierra las aguas en sus nubes, y las nubes no se rompen debajo de ellas. Él encubre la faz de su trono, y sobre él extiende su nube. Ha puesto límite a la superficie de las aguas, hasta el confín de la luz y de las tinieblas. Las columnas del cielo tiemblan y se espantan ante su represión. Él agita el mar con su poder, y con su entendimiento hiere su arrogancia. Con su espíritu adornó los cielos; su mano traspasó la serpiente tortuosa. He aquí, estas cosas son los bordes de sus caminos. ¡Y cuán leve es el susurro de la palabra que hemos oído de él! Pero el trueno de su poder, ¿quién lo podrá comprender?

11. Pregunta 7: ¿Qué es el Hijo?
R: Primero, Él es un personaje de tabernáculo (¶2).

12. Pregunta 8: ¿Cómo se demuestra?
R: Juan 14:9-11 [Juan 9:7]: Jesús le dijo: ¿Tanto tiempo hace que estoy con vosotros, y no me has conocido, Felipe? El que me ha visto a mí, ha visto al Padre; ¿cómo, pues, dices tú: Muéstranos al Padre? ¿No crees que yo soy en el Padre, y el Padre en mí? Las palabras que yo os hablo, no las hablo por mí mismo, sino que el Padre que mora en mí, él hace las obras. Creedme que yo soy en el Padre, y el Padre en mí.

13. En segundo lugar, y siendo un personaje de tabernáculo él fue hecho o formado semejante al hombre, o siendo en forma y semejanza del hombre (¶2). Filipenses 2:5-8 [Fil. 1:7]: Haya, pues, en vosotros este sentir que hubo también en Cristo Jesús, el que, siendo en forma de Dios, no tuvo como usurpación el ser igual a Dios. Sin embargo, se despojó a sí mismo, tomando forma de siervo, haciéndose semejante a los hombres; y hallándose en la condición de hombre, se humilló a sí mismo, y se hizo obediente hasta la muerte, y muerte de cruz. Hebreos 2:14,16 [Heb. 1:5]: Así que, por cuanto los hijos participaron de carne y sangre, él también participó de lo mismo. Porque ciertamente no auxilió a los ángeles, sino que auxilió a la descendencia de Abraham.

14. En tercer lugar, él también se asemeja al personaje del Padre (¶2). Hebreos 1:1-3 [Heb. 1:1]: Dios, habiendo hablado muchas veces y de muchas maneras en otro tiempo a los padres por medio de los

profetas, en estos postreros días nos ha hablado por el Hijo, a quien constituyó heredero de todo, y por quien, asimismo, hizo el universo, quien, siendo el resplandor de su gloria, y la imagen misma de su sustancia. De nuevo, Filipenses 2:5-6 [Fil. 1:7]: Haya, pues, en vosotros este sentir que hubo también en Cristo Jesús, el que, siendo en forma de Dios, no tuvo como usurpación el ser igual a Dios.

15. Pregunta 9: ¿Fue por el Padre y el Hijo que todas las cosas fueron creadas y hechas las que fueron creadas y hechas?
R: Sí lo fue. Colosenses 1:15-17 [Col. 1:3–4]: Él es la imagen del Dios invisible, el primogénito de toda creación. Porque por él fueron creadas todas las cosas, las que hay en los cielos y las que hay en la tierra, visibles e invisibles; sean tronos, sean dominios, sean principados, sean potestades; todo fue creado por medio de él y para él. Y él es antes de todas las cosas, y por él todas las cosas subsisten. Génesis 1:1 [Gen. 2:2]: En el principio creó Dios los cielos y la tierra. Hebreos 1:2 [Heb. 1:1]: Dios en estos postreros días nos ha hablado por el Hijo, a quien constituyó heredero de todo, y por quien, asimismo, hizo el universo.

16. Pregunta 10: ¿Posee él la plenitud del Padre?
R: Sí. Colosenses 1:19 [Col. 1:4]: Por cuanto agradó al Padre que en él habitase toda plenitud. Colosenses 2:9 [Col. 1:7]: Porque en él habita corporalmente toda la plenitud de la divinidad. Efesios 1:23 [Ef. 1:3]: La cual es su [Cristo] cuerpo, la plenitud de Aquel que todo lo llena en todo.

17. Pregunta 11: ¿Por qué fue llamado el Hijo?
R: Por causa de la carne. Lucas 1:35 [Lucas 1:6]: Por lo cual también el santo ser que va a nacer será llamado Hijo de Dios. Mateo 3:16-17 [Mat. 2:4]: Y Jesús, después que fue bautizado, subió inmediatamente del agua; y he aquí, los cielos le fueron abiertos, y él (Juan) vio al espíritu de Dios que descendía como paloma y se posaba sobre él. Y he aquí, una voz de los cielos que decía: Este es mi Hijo amado, en quien me complazco.

18. Pregunta 12: ¿Fue ordenado por el Padre, desde antes de la fundación del mundo, para ser una propiciación por los pecados de todos los que crean en su nombre?

R: Sí, lo fue. 1 Pedro 1:18-20 [1 Ped. 1:4]: Sabiendo que habéis sido rescatados de vuestra vana conducta, la cual recibisteis por tradición de vuestros padres, no con cosas corruptibles, como oro o plata, sino con la sangre preciosa de Cristo, como de un cordero sin mancha y sin contaminación, ya ordenado desde antes de la fundación del mundo, pero manifestado en los postreros tiempos por amor a vosotros. Apocalipsis 13:8 [Apoc. 4:8]: Y la adorarán [la bestia] todos los que moran en la tierra, cuyos nombres no estaban escritos en el libro de la vida del Cordero que fue inmolado desde el principio del mundo. 1 Corintios 2:7 [1 Cor. 1:7]: Pero hablamos sabiduría de Dios en misterio, la sabiduría oculta, la cual Dios destinó antes de los siglos para nuestra gloria.

19. Pregunta 13: ¿Poseen el Padre y el Hijo la misma mente?
R: Sí. Juan 5:30 [Juan 5:5]: No puedo yo (Cristo) hacer nada por mí mismo. Como oigo, juzgo; y mi juicio es justo, porque no busco mi voluntad, sino la voluntad del Padre, que me envió. Juan 6:38 [Juan 5:14]: Porque he (Cristo) descendido del Cielo, no para hacer mi voluntad, sino la voluntad del que me envió. Juan 10:30 [Juan 6:29]: Yo (Cristo) y el Padre uno somos.

20. Pregunta 14: ¿Qué es esta mente?
R: El espíritu santo. Juan 15:26 [Juan 9:13]: Pero cuando venga el Consolador, a quien yo os enviaré del Padre, el espíritu de verdad, el que procede del Padre, él dará testimonio de mí (Cristo). Gálatas 4:6 [Gál. 1:13]: Y por cuanto sois hijos, Dios envió a vuestros corazones el espíritu de su Hijo.

21. Pregunta 15: ¿El Padre, el Hijo y el espíritu santo constituyen la Deidad?
R: Sí (¶2). Que el alumno memorice este párrafo.

22. Pregunta 16: ¿El creyente en Cristo Jesús, por medio del don del espíritu, se hace uno con el Padre y el Hijo, como el Padre y el Hijo son uno?
R: Sí. Juan 17:20-21 [Juan 9:21]: Mas no ruego solamente por estos [los apóstoles], sino también por los que han de creer en mí por la palabra de ellos; para que todos sean uno, como tú, oh Padre, en mí,

y yo en ti, que también ellos sean uno en nosotros, para que el mundo crea que tú me enviaste.

23. Pregunta 17: ¿El relato anterior de la Deidad establece un fundamento seguro para el ejercicio de la fe en él para la vida y la salvación?
R: Sí.

24. Pregunta 18: ¿Cómo se demuestra?
R: Por el tercer párrafo de esta conferencia. Que el alumno memorice esto también.

CONFERENCIA SEXTA

De la fe

1. Habiendo tratado, en las conferencias anteriores, las ideas del carácter, las perfecciones y los atributos de Dios, a continuación procedemos a tratar el conocimiento que las personas deben tener de que el curso de la vida que siguen es conforme a la voluntad de Dios, para que puedan ejercer fe en él para la vida y la salvación.

2. Este conocimiento ocupa un lugar importante en la religión revelada, porque fue por ello que los antiguos pudieron sostenerse como si estuviesen viendo aquel que es invisible. Un conocimiento cierto de que el curso de la vida que cualquier persona sigue es conforme a la voluntad de Dios es esencialmente necesario para habilitarle tener esa confianza en Dios, sin la cual ninguna persona puede obtener la vida eterna. Fue esto lo que permitió a los antiguos santos soportar todas sus aflicciones y persecuciones y padecer con gozo el despojo de sus bienes, sabiendo (no sólo creyendo) que tenían una posesión más perdurable (Hebreos 10:34) [Heb 1:34].

3. Teniendo la certeza de que estaban siguiendo un curso que era conforme a la voluntad de Dios, se les hizo posible padecer con gozo no sólo el despojo de sus bienes y la destrucción de sus bienes, sino también padecer la muerte en sus formas más horribles, sabiendo (no sólo creyendo) que cuando esta morada terrestre de su tabernáculo se deshacía, ellos tenían de Dios un edificio, una casa no hecha por manos, eterna en los Cielos (2 Corintios 5:1) [2 Cor. 1:15].

4. Tal fue y siempre será la situación de los santos de Dios: que a menos que tengan un conocimiento cierto de que el curso que están siguiendo es conforme a la voluntad de Dios, se fatigarán en sus mentes y se desmayarán, porque tal ha sido y siempre será la oposición en el corazón de los incrédulos y los que no conocen a Dios, contra la religión pura y no adulterada del Cielo (lo único que asegura la vida eterna), que perseguirán hasta el extremo a todos los que adoran a Dios según sus revelaciones, reciben la verdad por amor a ella y se someten a ser guiados y dirigidos por su voluntad, y llevarlos a tales extremidades que nada menos que un conocimiento cierto de que son los favoritos del Cielo, y de que han

aceptado ese orden de cosas que Dios ha establecido para la redención del hombre, les habilitará para ejercer esa confianza en él necesaria para que venzan al mundo y obtengan esa corona de gloria que está reservada para los que temen a Dios.

5. Para que un hombre abandone todo, su carácter y reputación, su honor y aplausos, su buen nombre entre los hombres, sus casas, sus tierras, sus hermanos y hermanas, su esposa e hijos e incluso su propia vida también, considerando todas las cosas inmundicia y escoria por la excelencia del conocimiento de Jesucristo, requiere más que la mera creencia, o suposición de que está haciendo la voluntad de Dios, sino conocimiento cierto, dándose cuenta de que cuando estos sufrimientos terminen él entrará en el reposo Eterno y será partícipe de la gloria de Dios.

6. Porque a menos que una persona realmente sepa que anda conforme a la voluntad de Dios, sería un insulto a la dignidad del Creador si dijera que sería un partícipe de su gloria cuando termine con las cosas de esta vida. Pero cuando tiene este conocimiento, y con toda seguridad sabe que está haciendo la voluntad de Dios, su confianza puede ser igualmente fuerte que será un partícipe de la gloria de Dios.

7. Observemos aquí que una religión que no requiere el sacrificio de todas las cosas nunca tiene el poder suficiente para producir la fe necesaria para la vida y la salvación. Porque desde la primera existencia del hombre, la fe necesaria para el disfrute de la vida y la salvación nunca se pudo obtener sin el sacrificio de todas las cosas terrenales: fue por este sacrificio, y sólo esto, que Dios ha ordenado que los hombres disfruten de la vida eterna, y es por medio del sacrificio de todas las cosas terrenales que los hombres realmente saben que están haciendo las cosas que son agradables a la vista de Dios. Cuando un hombre ha ofrecido en sacrificio todo cuanto posee por el bien de la verdad, ni siquiera reteniendo su vida, y creyendo ante Dios que ha sido llamado a hacer este sacrificio porque busca hacer su voluntad, él realmente sabe con toda seguridad que Dios acepta y aceptará su sacrificio y ofrenda, y que no ha buscado ni buscará su rostro en vano. En estas circunstancias, entonces, él

puede obtener la fe necesaria para que pueda aferrarse a la vida eterna.

8. Es en vano que las personas se imaginen que son herederas con aquellos, o que pueden ser herederas con aquellos, que han ofrecido todo en sacrificio y por este medio obtuvieron fe en Dios y gracia con él para obtener la vida eterna, a menos que ellas de la misma manera le ofrezcan el mismo sacrificio, y mediante esa ofrenda obtengan el conocimiento de que son aceptadas de él.

9. Fue al ofrecer sacrificios que Abel, el primer mártir, obtuvo el conocimiento de que fue aceptado por Dios. Y desde los días de Abel, el justo, hasta la actualidad, el conocimiento que los hombres tienen de que son aceptados ante los ojos de Dios se obtiene ofreciendo sacrificio. Y en los últimos días, antes de que venga el Señor, él reunirá a sus santos que han hecho convenio con él mediante sacrificio. Salmos 50:3-5 [Sal. 50:1]: Vendrá nuestro Dios y no callará; fuego consumirá delante de él, y alrededor de él habrá gran tempestad. Convocará a los cielos desde lo alto y a la tierra, para juzgar a su pueblo. Reunidme a mis santos, los que hicieron conmigo convenio mediante sacrificio.

10. Aquellos, entonces, que hacen el sacrificio tendrán el testimonio de que su curso es agradable a la vista de Dios, y aquellos que tienen este testimonio tendrán fe para aferrarse a la vida eterna y serán habilitados, por medio de la fe, de perseverar hasta el fin y recibir la corona que está reservada para los que aman la aparición de nuestro Señor Jesucristo. Pero aquellos que no hacen el sacrificio no pueden disfrutar de esta fe porque los hombres dependen de este sacrificio para obtener esta fe, por lo tanto no pueden aferrarse a la vida eterna porque las revelaciones de Dios no les garantizan la autoridad para hacerlo, y sin esta garantía la fe no podría existir.

11. Todos los santos de los que tenemos relato en todas las revelaciones de Dios que existen obtuvieron el conocimiento que tenían de su aceptación ante sus ojos por medio del sacrificio que le ofrecieron, y por el conocimiento así obtenido, su fe se hizo lo suficientemente fuerte como para aferrarse a la promesa de la vida eterna, y para sostenerse como si estuviesen viendo a aquel que es

invisible y se hicieron capaces por la fe para combatir los poderes de las tinieblas, contender contra las artimañas del adversario, vencer al mundo y obtener el fin de su fe, sí, la salvación de sus almas.

12. Pero aquellos que no han hecho este sacrificio a Dios no saben que el curso que siguen es agradable ante sus ojos, porque cualquiera que sea su creencia o su opinión, es una cuestión de duda e incertidumbre en su mente, y donde hay dudas e incertidumbre, no hay fe, ni puede haberla. Porque la duda y la fe no existen en la misma persona al mismo tiempo. De modo que las personas cuyas mentes están bajo dudas y temores no pueden tener una confianza inquebrantable, y donde no hay una confianza inquebrantable, allí la fe es débil, y donde la fe es débil, las personas no podrán contender contra toda la oposición, tribulaciones y aflicciones que tendrán que enfrentar para ser herederas de Dios y coherederas con Cristo Jesús, y se fatigarán en sus mentes, y el adversario tendrá poder sobre ellas y las destruirá.

13. Esta conferencia es tan clara, y los hechos expuestos son tan evidentes, que se considera innecesario formar un catecismo sobre ella. Por lo tanto, se le instruye al alumno que aprenda todo de memoria.

CONFERENCIA SÉPTIMA

De la fe

1. En las conferencias anteriores tratamos lo que era la fe y el objeto sobre el que descansaba; de acuerdo con nuestro plan ahora procedemos a hablar de sus efectos:

2. Como hemos visto en nuestras conferencias anteriores, que la fe era el principio de acción y de poder en todos los seres inteligentes, tanto en el Cielo como en la tierra, no se esperará que, en una conferencia de esta descripción, intentemos desplegar todos sus efectos; tampoco es necesario para nuestro propósito hacerlo, porque abarcaría todas las cosas en el Cielo y en la tierra, y abarcaría todas las creaciones de Dios con todas sus infinitas variedades. Porque aún no se ha formado ningún mundo que no haya sido formado por la fe, ni ha habido un ser inteligente en ninguna de las creaciones de Dios que no haya llegado allí por causa de la fe como existía en sí mismo o en algún otro ser, ni ha habido un cambio o una revolución en ninguna de las creaciones de Dios que no haya sido efectuado por la fe. Tampoco habrá un cambio o una revolución en ninguna de las vastas creaciones del Todopoderoso a menos que se efectúe de la misma manera, porque es por la fe que la Deidad obra.

3. Ofrezcamos aquí una explicación en relación a la fe para que nuestro significado pueda ser claramente comprendido. Preguntamos, entonces: ¿Qué debemos entender por el obrar por la fe? Respondemos: Entendemos que cuando un hombre obra por la fe, él obra por el esfuerzo mental en lugar de fuerza física; es por palabras con las que todo ser obra, cuando se obra por la fe, en lugar de ejercer sus poderes físicos — Dios dijo: Haya luz, y hubo luz — Josué habló y los grandes luminares que Dios había creado se detuvieron — Elías mandó y los cielos se detuvieron por el espacio de tres años y seis meses de modo que no llovió; él mandó de nuevo y los cielos dieron lluvia — todo esto fue hecho por la fe; y el Salvador dice: Si tuviereis fe como un grano de mostaza, diréis a este monte: Pásate de aquí allá — y se pasará, o decirle a ese sicómoro, Desarráigate y plántate en el mar — y os obedecerá. La fe, entonces,

obra por palabras, y con éstas sus obras más poderosas han sido y serán realizadas.

4. Seguramente no se nos exigirá que demostremos que este es el principio sobre el cual toda la eternidad ha actuado y actuará, porque toda mente reflexiva debe saber que es por causa de este poder que todas las huestes del Cielo realizan sus obras de maravilla, majestad y gloria: Los ángeles se mueven de un lugar a otro en virtud de este poder — es por causa de él que son capaces de descender del Cielo a la tierra. Y si no fuera por el poder de la fe, nunca podrían ser espíritus ministrantes para aquellos que han de ser herederos de la salvación, ni podrían actuar como mensajeros Celestiales, porque estarían privados del poder necesario que les habilita hacer la voluntad de Dios.

5. Sólo es necesario que digamos que toda la creación visible, tal como existe ahora, es el efecto de la fe — fue la fe por la cual fue formada, y es por el poder de la fe que continúa en su forma organizada, y por el cual los planetas se mueven alrededor de sus órbitas y emiten su gloria. Entonces la fe es verdaderamente el primer principio en la ciencia de la teología, y cuando se entiende, lleva a la mente de vuelta al principio y la lleva hacia adelante hasta el fin, o en otras palabras, de eternidad en eternidad.

6. Como la fe, entonces, es el principio por el cual las huestes Celestiales realizan sus obras y por el cual disfrutan de toda su felicidad, podríamos esperar encontrarla expuesta en una revelación de Dios como el principio sobre el cual sus criaturas aquí abajo deben actuar para obtener las felicidades de las que disfrutan los santos en el mundo Eterno, y que cuando Dios se comprometa a levantar a los hombres para su gozo propio, les enseñe la necesidad de vivir por la fe y la imposibilidad de que disfruten de la felicidad de la eternidad sin ella, ya que todas las bendiciones de la eternidad son los efectos de la fe.

7. Por lo tanto, se dice, y apropiadamente también, que sin fe es imposible agradar a Dios. Si se preguntara: ¿Por qué es imposible agradar a Dios sin fe? — la respuesta sería, Porque sin fe es imposible que los hombres sean salvos. Y como Dios desea la

salvación del hombre, él debe desear por supuesto que tengan fe, y él no podría estar complacido a menos que la tuvieran, o de lo contrario él podría estar complacido con su destrucción.

8. De esto aprendemos que las muchas exhortaciones para tener fe en él, que han sido dadas por hombres inspirados a aquellos que habían recibido la palabra del Señor, no eran meros asuntos comunes, sino que eran por la mejor de todas las razones, y eso era porque sin ella no había salvación — ni en este mundo ni en el que está por venir. Cuando los hombres comienzan a vivir por la fe comienzan a acercarse a Dios. Y cuando se perfecciona la fe, son semejantes a él; y ya que él es salvo, ellos también son salvos, porque estarán en la misma situación en la que él está porque han acudido a él; y cuando él aparezca, serán semejantes a él, porque lo verán tal como es.

9. Como toda la creación visible es un efecto de la fe, también lo es la salvación (nos referimos a la salvación en su latitud de interpretación más extensa, ya sea temporal o espiritual). Para tener este tema claramente puesto ante la mente, preguntemos: ¿En qué situación debe estar una persona para ser salva? ¿O cuál es la diferencia entre un hombre salvo y uno que no es salvo? Respondemos de lo que hemos visto antes de los mundos Celestiales: Deben ser personas que puedan obrar por fe y que sean capaces, por fe, de ser espíritus ministrantes para aquellos que serán herederos de la salvación. Y deben tener fe para habilitarse a obrar en la presencia del Señor, de lo contrario no pueden ser salvas. Y lo que constituye la verdadera diferencia entre una persona salva y una que no es salva es la diferencia en el grado de su fe — la fe de una persona se ha vuelto lo suficientemente perfecta para aferrarse a la vida eterna y la de la otra persona no. Pero para ser un poco más particulares, preguntemos: ¿Dónde encontraremos un prototipo en cuya semejanza podamos ser asimilados, para que seamos hechos participantes de la vida y la salvación? O en otras palabras, ¿dónde encontraremos un ser salvo? Porque si podemos encontrar un ser salvo, podemos determinar sin mucha dificultad lo que todos los demás deben ser para ser salvos — deben ser como ese individuo o no pueden ser salvos. Pensamos que no será discutible que dos seres que son diferentes entre sí no pueden ambos ser salvos, porque lo

que constituye la salvación de uno constituirá la salvación de toda criatura que ha de ser salva. Y si encontramos un ser salvo en toda la existencia, podemos ver lo que todos los demás deben ser o de lo contrario no ser salvos. Preguntamos, entonces: ¿Dónde está el prototipo? ¿O dónde está el ser salvo? Concluimos en cuanto a la respuesta de esta pregunta que no habrá disputa entre aquellos que creen en la Biblia que es Cristo. Todos estarán de acuerdo en esto, que él es el prototipo o estándar de salvación, o en otras palabras, que él es un ser salvo. Y si continuamos nuestro interrogatorio, y preguntamos cómo es que él es salvo, la respuesta sería, porque él es un ser justo y santo. Y si fuera algo diferente de lo que es no sería salvo, porque su salvación depende de que sea precisamente lo que es y nada más. Porque si fuera posible que él cambiara en el menor grado, es seguro que fracasaría en la salvación y perdería todo su dominio, poder, autoridad y gloria, lo cual constituye la salvación. Porque la salvación consiste en la gloria, la autoridad, la majestad, el poder y el dominio que Jehová posee, y en nada más, y ningún ser puede poseerla sino él mismo o uno semejante a él. Así dice Juan en su primera epístola, 3:2,3 [1 Juan 1:13]: He aquí, ahora somos hijos de Dios, y no se ha manifestado lo que hemos de ser; pero sabemos que cuando él aparezca, seremos semejantes a él, porque le veremos tal como él es. Y cualquier hombre que tiene esta esperanza en él se purifica, así como él es puro. ¿Por qué purificarse como él es puro? Porque si no lo hacen, no pueden ser semejantes a él.

10. El Señor dijo a Moisés, Levítico 19:2 [Lev. 9:1]: Habla a toda la congregación de los hijos de Israel y diles: Santos seréis, porque santo soy yo, Jehová, vuestro Dios. Y Pedro dice, primera epístola, 1:15,16 [1 Pedro 1:3]: Sino, como aquel que os ha llamado es santo, sed también vosotros santos en toda vuestra conducta, porque escrito está: Sed santos, porque yo soy santo. Y el Salvador dice, Mateo 5:48 [Mateo 3:26]: Sed, pues, vosotros perfectos, así como vuestro Padre que está en los cielos es perfecto. Si alguien pregunta: ¿Por qué todas estas palabras? — la respuesta se encuentra de lo que antes se cita de la epístola de Juan, que cuando él (el Señor) aparezca, los santos serán semejantes a él, y si no son santos como él es santo, y perfectos como él es perfecto, no pueden ser semejantes a él, porque ningún ser puede disfrutar de su gloria sin poseer sus

perfecciones y santidad, no más de lo que podrían reinar en su reino sin su poder.

11. Esto establece claramente la propiedad de la palabra del Salvador, escrita en el testimonio de Juan, 14:12 [Juan 9:7]: De cierto, de cierto os digo: El que en mí cree, las obras que yo hago él también las hará; y aun mayores que estas hará, porque yo voy al Padre. Esto, tomado en relación con algunas de las palabras en la oración del Salvador, escritas en el capítulo 17, da gran claridad a sus expresiones. Él dice, en el 20-24 [Juan 9:21]: Mas no ruego solamente por estos, sino también por los que han de creer en mí por la palabra de ellos; para que todos sean uno, como tú, oh Padre, en mí, y yo en ti, que también ellos sean uno en nosotros, para que el mundo crea que tú me enviaste. Y la gloria que me diste les he dado, para que sean uno, así como nosotros somos uno — Yo en ellos, y tú en mí — para que sean perfeccionados en uno, para que el mundo conozca que tú me enviaste y que los has amado a ellos, como también a mí me has amado. Padre, aquellos que me has dado, quiero que donde yo estoy, también ellos estén conmigo, para que vean mi gloria que me has dado, por cuanto me has amado desde antes de la fundación del mundo.

12. Todas estas palabras, en conjunto, dan un relato tan claro del estado de los santos glorificados como el lenguaje podría dar — las obras que Jesús hizo ellos habían de hacer, y obras mayores que las que él hizo entre ellos habían de hacer, y eso porque él fue al Padre. Él no dice que habían de hacer estas obras en esta vida, sino que habían de hacer obras mayores porque él fue al Padre. Él dice, en el versículo 24 [Juan 9:21]: Padre, aquellos que me has dado, quiero que donde yo estoy, también ellos estén conmigo, para que vean mi gloria. Estas palabras, tomadas en relación, dejan muy claro que las obras mayores que habían de hacer los que creían en su nombre debían hacerse en la eternidad a donde él va y donde habían de contemplar su gloria. Él había dicho en otra parte de su oración que deseaba de su Padre que los que creyeran en él fueran uno en él, como él y el Padre eran uno: Mas no ruego solamente por estos (los apóstoles), sino también por los que han de creer en mí por la palabra de ellos, para que todos sean uno. Es decir, los que crean en él por las palabras de los apóstoles, así como los propios apóstoles:

para que todos sean uno, como tú, Padre, en mí y yo en ti, que también ellos sean uno en nosotros.

13. ¿Qué lenguaje puede ser más claro que este? El Salvador seguramente tenía la intención de ser entendido por sus discípulos, y habló así para que lo entendieran. Porque él declara a su Padre en lenguaje que no se confunde fácilmente que quería que sus discípulos, sí, todos ellos, fueran semejantes a él y al Padre: porque como él y el Padre eran uno, así ellos podían ser uno con ellos. Y lo que se dice en el versículo 22 [Juan 9:20] se calcula para establecer más firmemente esta creencia, si se necesita algo para establecerla. Él dice: Y la gloria que me diste, les he dado, para que sean uno así como nosotros somos uno. Como para decir que a menos que tengan la gloria que el Padre le había dado, no podrían ser uno con ellos, porque él dice que les había dado la gloria que el Padre le había dado, para que pudieran ser uno, o en otras palabras, para hacerlos uno.

14. Esto llena la medida de la información sobre este tema y muestra claramente que el Salvador deseaba que sus discípulos entendieran que habían de ser partícipes con él en todas las cosas, ni siquiera su gloria exceptuada.

15. Apenas es necesario observar aquí lo que hemos notado anteriormente, que la gloria que el Padre y el Hijo tienen es porque son seres justos y santos, y que si carecieran de un atributo o perfección que tienen, la gloria que tienen nunca podría ser disfrutada por ellos, porque se requiere que sean precisamente lo que son para disfrutarla. Y si el Salvador da esta gloria a otros, debe hacerlo de la misma manera que se establece en su oración a su Padre: haciéndolos uno con él como él y el Padre son uno. Al hacerlo les daría la gloria que el Padre le ha dado; y cuando sus discípulos se hacen uno con el Padre y el Hijo, como el Padre y el Hijo son uno, ¿quien no puede ver la propiedad de la palabra del Salvador, Las obras que yo hago las harán ellos, y aun mayores que éstas harán, porque yo voy al Padre?

16. Estas enseñanzas del Salvador nos muestran claramente la naturaleza de la salvación, y lo que él propuso a la familia humana cuando propuso salvarlos: que propuso hacerlos semejantes a él, y él

era semejante al Padre, el gran prototipo de todos los seres salvos. Y para que cualquier porción de la familia humana sea asimilada a su semejanza es ser salvo, y ser diferente a ellos es ser destruido. Y en esta bisagra gira la puerta de la salvación.

17. ¿Quién no puede ver, entonces, que la salvación es el efecto de la fe? Porque como hemos observado anteriormente, todos los seres Celestiales obran por este principio, y es porque son capaces de hacerlo que son salvos, porque nada más que esto podría salvarlos. Y esta es la lección que el Dios del Cielo, por boca de todos sus santos profetas, se ha esforzado por enseñar al mundo. Por lo tanto, se nos dice que sin fe es imposible agradar a Dios, y que la salvación es por la fe, para que sea por gracia, a fin de que la promesa sea firme para toda la descendencia (Romanos 4:16) [Rom. 1:20]. — Y que Israel, que buscaba la ley de justicia, no ha alcanzado la ley de justicia. ¿Por qué no? Porque no la buscaban por la fe, sino por las obras de la ley, por lo cual tropezaron en la piedra de tropiezo (Romanos 9:32) [Rom. 1:45]. Y Jesús dijo al hombre que le trajo a su hijo para que echara fuera al demonio que lo atormentaba: Si puedes creer, al que cree todo le es posible (Marcos 9:23) [Marcos 5:9]. Estas, con una multitud de otras escrituras que podrían citarse, exponen claramente la luz en la que el Salvador, así como los Santos de los Antiguos Días, vieron el plan de salvación, que era un sistema de fe — comienza con la fe y continúa por la fe. Y toda bendición que se obtiene en relación con él es el efecto de la fe, ya sea que pertenezca a esta vida o la que está por venir. De esto todas las revelaciones de Dios dan testimonio. Si había hijos de la promesa, eran los efectos de la fe, ni siquiera el Salvador del mundo exceptuado: Bienaventurada la que creyó, dijo Elisabet a María cuando fue a visitarla, porque se cumplirán las cosas que le fueron dichas de parte del Señor (Lucas 1:45) [Lucas 1:7]. Tampoco el nacimiento de Juan el Bautista fue menos una cuestión de fe, porque su padre Zacarías quedó mudo para que creyera. Y a lo largo de toda la historia del esquema de vida y salvación, es una cuestión de fe: cada hombre recibió según su fe — según su fe, así eran sus bendiciones y privilegios, y nada le fue retenido cuando su fe era suficiente para recibirlo. Podía tapar bocas de leones, apagar fuegos impetuosos, evitar filo de espada, hacerse fuerte en batallas y poner en fuga a ejércitos extranjeros; las mujeres podían, por su fe, recibir a los niños muertos a la vida de

nuevo — en una palabra, no había nada imposible con los que tenían fe. Todas las cosas estaban sujetas a los Santos de los Antiguos Días según su fe — por su fe podían obtener visiones Celestiales, la ministración de ángeles, tener conocimiento de los espíritus de hombres justos hechos perfectos, de la asamblea general e iglesia del Primogénito (cuyos nombres están escritos en el Cielo), de Dios, el juez de todos, de Jesús, el Mediador del nuevo convenio, y familiarizarse con los terceros Cielos, ver y escuchar cosas que no sólo eran inexpresables, sino que se prohibían declarar. Pedro, en vista del poder de la fe, 2ª epístola, 1:2-3 [2 Pedro 1:1] dice a los Santos de los Antiguos Días: Gracia y paz os sean multiplicadas mediante el conocimiento de Dios y de nuestro Señor Jesús, como todas las cosas que pertenecen a la vida y a la piedad nos han sido dadas por su divino poder, por el conocimiento de aquel que nos ha llamado por medio de su gloria y virtud. En la primera epístola, 1:3-5 [1 Pedro 1:2] él dice: Bendito el Dios y Padre de nuestro Señor Jesucristo, que según su gran misericordia nos ha hecho nacer de nuevo a una esperanza viva, por la resurrección de Jesucristo de entre los muertos para una herencia incorruptible, incontaminada e inmarchitable, reservada en los Cielos para vosotros, que sois guardados por el poder de Dios mediante la fe, para alcanzar la salvación que está preparada para ser manifestada en el tiempo postrero.

18. Estas palabras, en conjunto, muestran los puntos de vista del Apóstol claramente, para no admitir ningún error en la mente de ningún individuo. Él dice que todas las cosas que pertenecen a la vida y a la piedad les fueron dadas por el conocimiento de Dios y de nuestro Salvador Jesucristo. Y si se hace la pregunta: ¿Cómo habían de obtener el conocimiento de Dios? (porque hay una gran diferencia entre creer en Dios y conocerlo — el conocimiento implica más que la fe; y noten que todas las cosas que pertenecen a la vida y a la piedad fueron dadas por el conocimiento de Dios) — se da la respuesta: Por la fe ellos habían de obtener este conocimiento; y teniendo poder por la fe para obtener el conocimiento de Dios, podían con él obtener todas las demás cosas que pertenecen a la vida y a la piedad.

19. Por estas palabras del Apóstol aprendemos que fue al obtener un conocimiento de Dios que los hombres obtuvieron todas las cosas que pertenecen a la vida y a la piedad, y este conocimiento fue el efecto de la fe. De modo que todas las cosas que pertenecen a la vida y a la piedad son los efectos de la fe.

20. De esto podemos extendernos hasta donde cualquier circunstancia se requiera, ya sea en la tierra o en el Cielo, y encontraremos que es el testimonio de todos los hombres inspirados o mensajeros Celestiales de que todas las cosas que pertenecen a la vida y a la piedad son los efectos de la fe y nada más: todo aprendizaje, sabiduría y prudencia fallan, y todo lo demás como un medio de salvación excepto la fe. Esta es la razón por la que los pescadores de Galilea pudieron enseñar al mundo — porque buscaron por la fe y por la fe obtuvieron. Y esta es la razón por la que Pablo consideró todas las cosas inmundicia y escoria — lo que antes llamaba su ganancia lo llamó su pérdida; sí, y consideró todas las cosas pérdida por la excelencia del conocimiento de Cristo Jesús el Señor (Filipenses 3:7-10) [Fil. 1:12]. Porque, para obtener la fe por la cual podía disfrutar del conocimiento de Cristo Jesús el Señor, tuvo que sufrir la pérdida de todas las cosas. Esta es la razón por la que los Santos de los Antiguos Días conocían más y entendían más del Cielo y de las cosas Celestiales que todos los demás, porque esta información es el efecto de la fe — que no se obtiene por ningún otro medio. Y esta es la razón por la que los hombres, tan pronto como pierden su fe, se topan con contiendas, contenciones, tinieblas y dificultades. Porque el conocimiento que tiende a la vida desaparece con la fe, pero regresa cuando la fe regresa, porque cuando viene la fe, trae consigo su comitiva de asistentes — apóstoles, profetas, evangelistas, pastores, maestros, dones, sabiduría, conocimiento, milagros, sanidades, lenguas, interpretación de lenguas, etc. Todos estos aparecen cuando la fe aparece en la tierra y desaparecen cuando la fe desaparece de la tierra. Porque estos son los efectos de la fe, y siempre la han acompañado y siempre la acompañarán. Porque donde hay fe, también habrá el conocimiento de Dios, con todas las cosas que le pertenecen — revelaciones, visiones y sueños, así como cualquier otra cosa necesaria, para que los poseedores de la fe puedan ser perfeccionados y obtener la salvación. Porque Dios debe cambiar, de

lo contrario la fe prevalecerá con él. Y el que la posea, por medio de ella, obtendrá todo el conocimiento y la sabiduría necesarios hasta que conozca a Dios y al Señor Jesucristo a quien ha enviado, a quien conocer es la vida eterna. Amén.

Apéndice: Cronología de los Patriarcas

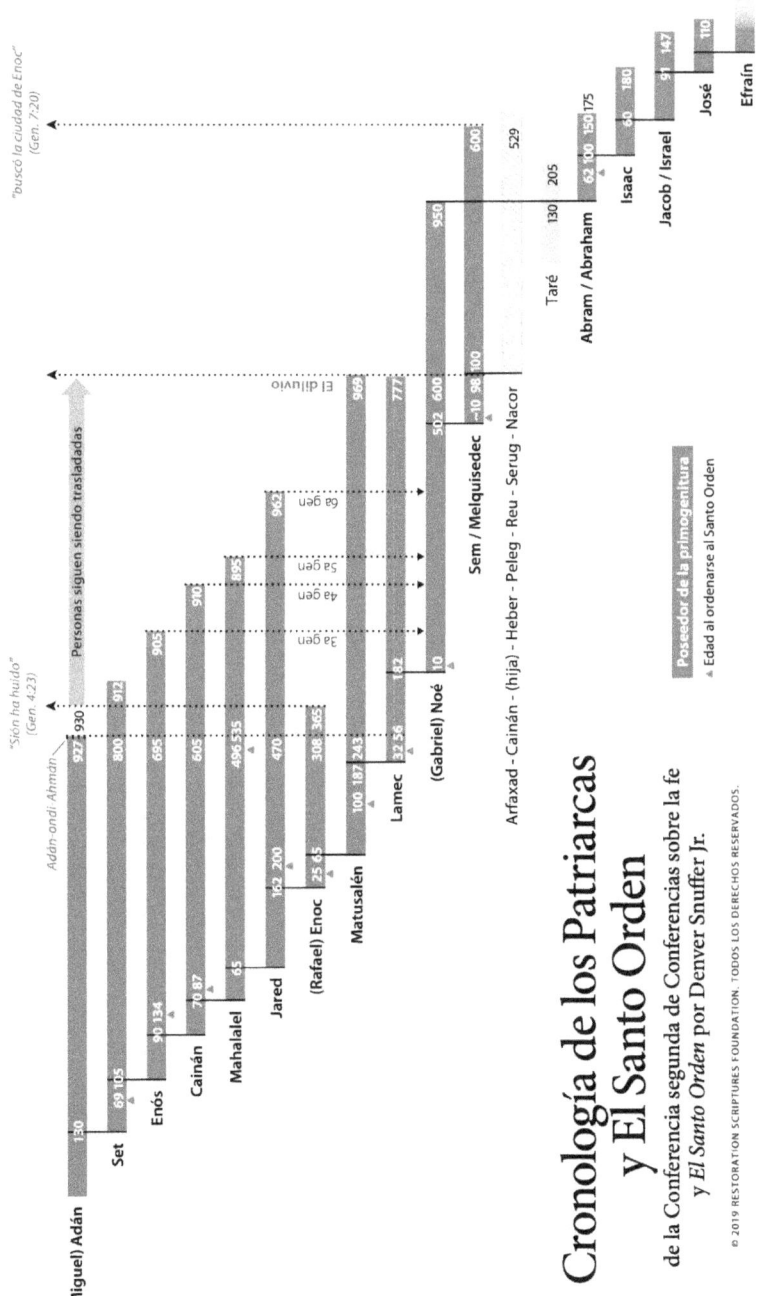

Restoration Edition of the Original English Text

Explanation of this Edition

Lectures on Faith was first published in the 1835 Doctrine and Covenants and re-published in 2019 with updated punctuation as part of the Restoration Edition of the scriptures, which can be found online at:

>http://scriptures.info

Scriptural citations within the text include the original citation used in the 1835 edition, together with citations to the Restoration Edition of the scriptures, which are notated using brackets, as in [Gen. 3:15].

Comments can be sent to:

>info@restorationarchives.com

Preface

A preface to the 1835 Doctrine and Covenants written 17 February 1835, and signed by all four members of the committee who compiled the volume.

To the members of the church of the Latter Day Saints—

Dear Brethren:

We deem it to be unnecessary to entertain you with a lengthy preface to the following volume, but merely to say that it contains, in short, the leading items of the religion which we have professed to believe.

The first part of the book will be found to contain a series of lectures as delivered before a theological class in this place, and in consequence of their embracing the important doctrine of salvation, we have arranged them into the following work.

The second part contains items or principles for the regulation of the church, as taken from the revelations which have been given since its organization, as well as from former ones.

There may be an aversion in the minds of some against receiving anything purporting to be articles of religious faith, in consequence of there being so many now extant; but if men believe a system, and profess that it was given by inspiration, certainly, the more intelligibly they can present it, the better. It does not make a principle untrue to print it, neither does it make it true not to print it.

The church, viewing this subject to be of importance, appointed through their servants and delegates, the high council, your servants to select and compile this work. Several reasons might be adduced in favor of this move of the council, but we only add a few words. They knew that the church was evil spoken of in many places—its faith and belief misrepresented, and the way of truth thus subverted. By some it was represented as disbelieving the Bible, by others as being an enemy to all good order and uprightness, and by others as being injurious to the peace of all governments, civil and political.

We have therefore endeavored to present, though in few words, our belief; and when we say this, humbly trust the faith and principles of this society as a body.

We do not present this little volume with any other expectation than that we are to be called to answer to every principle advanced, in that day when the secrets of all hearts will be revealed, and the reward of every man's labor will be given him.

With sentiments of esteem and sincere respect, we subscribe ourselves your brethren in the bonds of the gospel of our Lord Jesus Christ.

JOSEPH SMITH Jr.
OLIVER COWDERY.
SIDNEY RIGDON.
F. G. WILLIAMS.

Kirtland, Ohio, February 17, 1835.

THEOLOGY

LECTURE FIRST

Of Faith

1. Faith, being the first principle in revealed religion, and the foundation of all righteousness, necessarily claims the first place in a course of lectures which are designed to unfold to the understanding the doctrine of Jesus Christ.

2. In presenting the subject of faith, we shall observe the following order:

3. First, faith itself—what it is,

4. Secondly, the object on which it rests, and

5. Thirdly, the effects which flow from it.

6. Agreeably to this order we have first to show what faith is.

7. The author of the epistle to the Hebrews, in the eleventh chapter of that epistle, and first verse, [Heb. 1:36], gives the following definition of the word faith:

8. Now faith is the substance (assurance) of things hoped for, the evidence of things not seen.

9. From this we learn that faith is the assurance which men have of the existence of things which they have not seen and the principle of action in all intelligent beings.

10. If men were duly to consider themselves, and turn their thoughts and reflections to the operations of their own minds, they would readily discover that it is faith, and faith only, which is the moving cause of all action in them; that without it, both mind and body would be in a state of inactivity and all their exertions would cease, both physical and mental.

11. Were this class to go back and reflect upon the history of their lives, from the period of their first recollection, and ask themselves what principle excited them to action, or what gave them energy and activity in all their lawful avocations, callings, and pursuits, what would be the answer? Would it not be that it was the assurance which we had of the existence of things which we had not seen, as yet? Was it not the hope which you had, in consequence of your belief in the existence of unseen things, which stimulated you to action and exertion in order to obtain them? Are you not dependent on your faith, or belief, for the acquisition of all knowledge, wisdom, and intelligence? Would you exert yourselves to obtain wisdom and intelligence unless you did believe that you could obtain them? Would you have ever sown if you had not believed that you would reap? Would you have ever planted if you had not believed that you would gather? Would you have ever asked unless you had believed that you would receive? Would you have ever sought unless you had believed that you would have found? Or would you have ever knocked unless you had believed that it would have been opened unto you? In a word, is there anything that you would have done, either physical or mental, if you had not previously believed? Are not all your exertions, of every kind, dependent on your faith? Or may we not ask, what have you, or what do you possess, which you have not obtained by reason of your faith? Your food, your raiment, your lodgings, are they not all by reason of your faith? Reflect and ask yourselves if these things are not so. Turn your thoughts on your own minds and see if faith is not the moving cause of all action in yourselves; and if the moving cause in you, is it not in all other intelligent beings?

12. And as faith is the moving cause of all action in temporal concerns, so it is in spiritual; for the Savior has said, and that truly, that he that believeth and is baptized shall be saved (Mark 16:16) [Mark 8:6].

13. As we receive by faith all temporal blessings that we do receive, so we, in like manner, receive by faith all spiritual blessings that we do receive. But faith is not only the principle of action, but of power also, in all intelligent beings, whether in Heaven, or on earth. Thus says the author of the epistle to the Hebrews, 11:3 [Heb. 1:36]:

14. Through faith we understand that the worlds were framed by the word of God, so that things which are seen were not made of things which do appear.

15. By this we understand that the principle of power which existed in the bosom of God, by which the worlds were framed, was faith, and that it is by reason of this principle of power existing in the Deity that all created things exist—so that all things in Heaven, on earth, or under the earth, exist by reason of faith, as it existed in him.

16. Had it not been for the principle of faith, the worlds would never have been framed, neither would man have been formed of the dust—it is the principle by which Jehovah works and through which he exercises power over all temporal, as well as Eternal things. Take this principle or attribute (for it is an attribute) from the Deity and he would cease to exist.

17. Who cannot see that if God framed the worlds by faith, that it is by faith that he exercises power over them and that faith is the principle of power? And that if the principle of power, it must be so in man as well as in the Deity? This is the testimony of all the sacred writers and the lesson which they have been endeavoring to teach to man.

18. The Savior says, Matthew 17:19, 20 [Matt. 9:7], in explaining the reason why the disciples could not cast out the devil, that it was because of their unbelief: For verily, I say unto you, said he, if ye have faith as a grain of mustard seed, ye shall say unto this mountain, Remove hence to yonder place!—and it shall remove; and nothing shall be impossible unto you.

19. Moroni, while abridging and compiling the record of his fathers, has given us the following account of faith as the principle of power: he says, page 563 [Ether 5:3], that it was the faith of Alma and Amulek which caused the walls of the prison to be rent, as recorded on the 264th page [Alma 10:11]; that it was the faith of Nephi and Lehi which caused a change to be wrought upon the hearts of the Lamanites when they were immersed with the holy

spirit and with fire, as seen on the 421st page [Hel. 2:25]; and that it was by faith the mountain Zerin was removed when the brother of Jared spake in the name of the Lord. See also 565th page [Ether 5:6].

20. In addition to this we are told in Hebrews, 11:32,33,34,35 [Heb. 1:49], that Gideon, Barak, Samson, Jephthah, David, Samuel, and the prophets, through faith subdued kingdoms, wrought righteousness, obtained promises, stopped the mouths of lions, quenched the violence of fire, escaped the edge of the sword, out of weakness were made strong, waxed valiant in fight, turned to flight the armies of the aliens, and that women received their dead raised to life again, etc.

21. Also, Joshua, in the sight of all Israel, bade the sun and moon to stand still, and it was done (Joshua 10:12) [Josh. 2:19].

22. We here understand that the sacred writers say that all these things were done by faith. It was by faith that the worlds were framed: God spake, chaos heard, and worlds came into order by reason of the faith there was in him. So with man also: he spake by faith in the name of God and the sun stood still, the moon obeyed, mountains removed, prisons fell, lions' mouths were closed, the human heart lost its enmity, fire its violence, armies their power, the sword its terror, and death its dominion, and all this by reason of the faith which was in him.

23. Had it not been for the faith which was in man, they might have spoken to the sun, the moon, the mountains, prisons, lions, the human heart, fire, armies, the sword, or to death in vain!

24. Faith, then, is the first great governing principle which has power, dominion, and authority over all things: by it they exist, by it they are upheld, by it they are changed, or by it they remain, agreeably to the will of God. Without it there is no power, and without power there could be no creation, nor existence!

Questions and Answers on the Foregoing Principles

25. Question 1: What is theology?

Answer: It is that revealed science which treats of the being and attributes of God, his relations to us, the dispensations of his providence, his will with respect to our actions, and his purposes with respect to our end (Buck's Theological Dictionary, page 582).

26. Question 2: What is the first principle in this revealed science?
A: Faith (¶1).

27. Question 3: Why is faith the first principle in this revealed science?
A: Because it is the foundation of all righteousness. Hebrews 11:6 [Heb. 1;38]: Without faith it is impossible to please God. 1 John 3:7 [1 John 1:14]: Little children, let no man deceive you: he that doeth righteousness is righteous, even as he (God) is righteous (¶1).

28. Question 4: What arrangement should be followed in presenting the subject of faith?
A: First, it should be shown what faith is (¶3);

Secondly, the object upon which it rests (¶4); and

Thirdly, the effects which flow from it (¶5).

29. Question 5: What is faith?
A: It is the assurance of things hoped for, the evidence of things not seen (Hebrews 11:1) [Heb. 1:36]. That is, it is the assurance we have of the existence of unseen things. And being the assurance which we have of the existence of unseen things, must be the principle of action in all intelligent beings. Hebrews 11:3 [Heb. 1:36]: Through faith we understand the worlds were framed by the word of God (¶¶ 8, 9).

30. Question 6: How do you prove that faith is the principle of action in all intelligent beings?
A: First, by duly considering the operations of my own mind, and secondly, by the direct declaration of scripture. Hebrews 11:7 [Heb. 1:39]: By faith Noah, being warned of things not seen as yet, moved with fear, prepared an ark to the saving of his house, by the which he condemned the world and became heir of the righteousness

which is by faith. Hebrews 11:8 [Heb. 1:40]: By faith Abraham, when he was called to go out into a place which he should after receive for an inheritance, obeyed, and he went out not knowing whither he went. Hebrews 11:9 [Heb. 1:40]: By faith he sojourned in the land of promise, as in a strange country, dwelling in tabernacles with Isaac and Jacob, the heirs with him of the same promise. Hebrews 11:27 [Heb. 1:47]: By faith Moses forsook Egypt, not fearing the wrath of the king, for he endured as seeing him who is invisible (¶¶10–11).

31. Question 7: Is not faith the principle of action in spiritual things as well as in temporal?
A: It is.

32. Question 8: How do you prove it?
A: Hebrews 11:6 [Heb. 1:38]: Without faith it is impossible to please God. Mark 16:16 [Mark 8:6]: He that believeth and is baptized shall be saved. Romans 4:16 [Rom. 1:20]: Therefore, it is of faith, that it might be by grace, to the end the promise might be sure to all the seed: not to that only which is of the law, but to that also which is of the faith of Abraham, who is the father of us all (¶¶12–13).

33. Question 9: Is faith anything else besides the principle of action?
A: It is.

34. Question 10: What is it?
A: It is the principle of power also (¶13).

35. Question 11: How do you prove it?
A: First, it is the principle of power in the Deity, as well as in man. Hebrews 11:3 [Heb. 1:36]: Through faith we understand that the worlds were framed by the word of God, so that things which are seen were not made of things which do appear (¶¶14–16).

36. Secondly, it is the principle of power in man also. Book of Mormon, page 264 [Alma 10:11]. Alma and Amulek are delivered from prison. Ditto, page 421 [Hel. 2:24–26]. Nephi and Lehi, with the Lamanites, are immersed with the spirit. Ditto, page 565 [Ether 5:6]. The mountain Zerin, by the faith of the brother of Jared, is

removed. Joshua 10:12 [Joshua 2:19]: Then spake Joshua to the Lord in the day when the Lord delivered up the Amorites before the children of Israel, and he said in the sight of Israel, Sun, stand thou still upon Gibeon, and thou Moon, in the valley of Ajalon. Joshua 10:13 [Joshua 2:19]: And the sun stood still, and the moon stayed, until the people had avenged themselves of their enemies. Is not this written in the book of Jasher? So the sun stood still in the midst of heaven and hasted not to go down about a whole day. Matthew 17:19 [Matt. 9:7]: Then came the disciples to Jesus apart and said, Why could not we cast him out? Matthew 17:20 [Matt 9:7]: And Jesus said unto them, Because of your unbelief: for verily I say unto you, if ye have faith as a grain of mustard seed, ye shall say unto this mountain, Remove hence to yonder place, and it shall remove; and nothing shall be impossible unto you. Hebrews 11:32 [Heb. 1:49]: And what shall I say more? For the time would fail me to tell of Gideon, and of Barak, and of Samson, and of Jephthah, of David also, and Samuel, and of the prophets, Hebrews 11:33 [Heb. 1:49]: who through faith subdued kingdoms, wrought righteousness, obtained promises, stopped the mouths of lions, Hebrews 11:34 [Heb. 1:49]: quenched the violence of fire, escaped the edge of the sword, out of weakness were made strong, waxed valiant in fight, turned to flight the armies of the aliens. Hebrews 11:35 [Heb. 1:49]: Women received their dead raised to life again, and others were tortured, not accepting deliverance; that they might obtain a better resurrection (¶¶16–22).

37. Question 12: How would you define faith in its most unlimited sense?
A: It is the first great governing principle, which has power, dominion, and authority over all things (¶24).

38. Question 13: How do you convey to the understanding more clearly that faith is the first great governing principle, which has power, dominion, and authority over all things?
A: By it they exist, by it they are upheld, by it they are changed, or by it they remain, agreeably to the will of God; and without it there is no power; and without power there could be no creation, nor existence! (¶24).

LECTURE SECOND

Of Faith

1. Having shown in our previous lecture faith itself—what it is, we shall proceed to show secondly the object on which it rests.

2. We here observe that God is the only supreme governor and independent being in whom all fullness and perfection dwells; who is omnipotent, omnipresent, and omniscient, without beginning of days or end of life, and that in him every good gift and every good principle dwells, and that he is the Father of Lights: in him the principle of faith dwells independently; and he is the object in whom the faith of all other rational and accountable beings centers for life and salvation.

3. In order to present this part of the subject in a clear and conspicuous point of light, it is necessary to go back and show the evidences which mankind have had, and the foundation on which these evidences are, or were, based since the creation, to believe in the existence of a God.

4. We do not mean those evidences which are manifested by the works of creation, which we daily behold with our natural eyes: we are sensible that after a revelation of Jesus Christ, the works of creation, throughout their vast forms and varieties, clearly exhibit his eternal power and Godhead. Romans 1:20 [Rom. 1:4]: For the invisible things of him from the creation of the world are clearly seen, being understood by the things that are made: even his eternal power and Godhead. But we mean those evidences by which the first thoughts were suggested to the minds of men that there was a God who created all things.

5. We shall now proceed to examine the situation of man at his first creation. Moses, the historian, has given us the following account of him in the first chapter of the book of Genesis, beginning with the 20th verse, and closing with the 30th [Gen. 2:8–9]. We copy from the New Translation:

6. And the Lord God said unto the Only Begotten, who was with him from the beginning, Let us make man in our image, after our likeness: and it was done.

7. And the Lord God said, Let them have dominion over the fish of the sea, and over the fowl of the air, and over the cattle, and over all the earth, and over every creeping thing that creeps upon the earth.

8. So God created man in his own image, in the image of the Only Begotten created he him: male and female created he them. And God blessed them, and God said unto them, Be fruitful, and multiply, and replenish the earth, and subdue it: and have dominion over the fish of the sea, and over the fowl of the air, and over every living thing that moves upon the earth.

9. And the Lord God said unto man, Behold, I have given you every herb bearing seed, which is upon the face of all the earth, and every tree in the which is the fruit of a tree yielding seed; to you it shall be for meat.

10. Again, Genesis 2:15,16,17,19,20 [Gen. 2:13]: And the Lord God took the man and put him into the Garden of Eden, to dress it and to keep it. And the Lord God commanded the man saying, Of every tree of the garden you may freely eat, but of the tree of the knowledge of good and evil you shall not eat of it, neither shall you touch it; nevertheless, you may choose for yourself, for it is given unto you, but remember that I forbid it, for in the day that you eat thereof you shall surely die.

11. And out of the ground the Lord God formed every beast of the field and every fowl of the air, and commanded that they should be brought unto Adam to see what he would call them. And whatever Adam called every living creature, that was the name thereof. And Adam gave names to all cattle, and to the fowl of the air, and to every beast of the field.

12. From the foregoing we learn man's situation at his first creation: the knowledge with which he was endowed, and the high and exalted station in which he was placed—lord or governor of all

things on earth, and at the same time enjoying communion and intercourse with his Maker without a veil to separate between. We shall next proceed to examine the account given of his fall, and of his being driven out of the Garden of Eden and from the presence of the Lord.

13. Moses proceeds: And they (Adam and Eve) heard the voice of the Lord God as they were walking in the garden in the cool of the day, and Adam and his wife hid themselves from the presence of the Lord God among the trees of the garden. And the Lord God called unto Adam and said unto him, Where are you going? And he said, I heard your voice in the garden, and I was afraid because I beheld that I was naked, and I hid myself.

14. And the Lord God said unto Adam, Who told you that you were naked? Have you eaten of the tree whereof I told you that you should not eat? If so, you should surely die? And the man said, The woman whom you gave me, and commanded that she should remain with me, gave me of the fruit of the tree and I did eat.

15. And the Lord God said unto the woman, What is this which you have done? And the woman said, The serpent beguiled me and I did eat.

16. And again, the Lord said unto the woman, I will greatly multiply your sorrow and your conception: in sorrow you shall bring forth children; and your desire shall be to your husband, and he shall rule over you.

17. And the Lord God said unto Adam, Because you have hearkened unto the voice of your wife and have eaten of the fruit of the tree of which I commanded you, saying, You shall not eat of it—cursed shall be the ground for your sake: in sorrow you shall eat of it all the days of your life. Thorns, also, and thistles shall it bring forth to you: and you shall eat the herb of the field. By the sweat of your face shall you eat bread, until you shall return unto the ground—for you shall surely die—for out of it you were taken; for dust you were and unto dust you shall return. This was immediately followed by the

fulfillment of what we previously said: Man was driven, or sent, out of Eden.

18. Two important items are shown from the former quotations: First, after man was created, he was not left without intelligence or understanding, to wander in darkness and spend an existence in ignorance and doubt—on the great and important point which affected his happiness—as to the real fact by whom he was created, or unto whom he was amenable for his conduct. God conversed with him face to face: in his presence he was permitted to stand, and from his own mouth he was permitted to receive instruction—he heard his voice, walked before him, and gazed upon his glory while intelligence burst upon his understanding and enabled him to give names to the vast assemblage of his Maker's works.

19. Secondly, we have seen that, though man did transgress, his transgression did not deprive him of the previous knowledge with which he was endowed, relative to the existence and glory of his Creator; for no sooner did he hear his voice than he sought to hide himself from his presence.

20. Having shown, then, in the first instance, that God began to converse with man immediately after he "breathed into his nostrils the breath of life," and that he did not cease to manifest himself to him even after his fall, we shall next proceed to show that, though he was cast out from the Garden of Eden, his knowledge of the existence of God was not lost, neither did God cease to manifest his will unto him.

21. We next proceed to present the account of the direct revelation which man received, after he was cast out of Eden, and further copy from the New Translation [Gen. 3:1–4]:

22. After Adam had been driven out of the garden, he began to till the earth, and to have dominion over all the beasts of the field, and to eat his bread by the sweat of his brow as the Lord had commanded him; and he called upon the name of the Lord, and so did Eve, his wife, also. And they heard the voice of the Lord from the way toward the Garden of Eden speaking unto them; and they saw

him not, for they were shut out from his presence, but he gave unto them commandments that they should worship the Lord their God and should offer the firstlings of their flocks for an offering unto the Lord. And Adam was obedient unto the commandment.

23. And after many days an angel of the Lord appeared unto Adam, saying, Why do you offer sacrifices unto the Lord? And Adam said unto him, I know not, but the Lord commanded me to offer sacrifices.

24. And the angel said unto him, This thing is a similitude of the sacrifice of the Only Begotten of the Father, who is full of grace and truth. And you shall do all that you do in the name of the Son; and you shall repent and call upon God in his name for ever. In that day the holy spirit fell upon Adam and bore record of the Father and the Son.

25. This last quotation, or summary, shows this important fact—that though our first parents were driven out of the Garden of Eden and were even separated from the presence of God by a veil, they still retained a knowledge of his existence, and that sufficiently to move them to call upon him. And further, that no sooner was the plan of redemption revealed to man and he began to call upon God, than the holy spirit was given, bearing record of the Father and Son.

26. Moses also gives us an account in the 3rd chapter of Genesis [Gen. 3:6–9] of the transgression of Cain, and the righteousness of Abel, and of the revelations of God to them. He says: In process of time Cain brought of the fruit of the ground an offering unto the Lord. And Abel also brought of the firstlings of his flock and of the fat thereof. And the Lord had respect unto Abel and to his offering, but unto Cain and to his offering he had not respect. Now Satan knew this and it pleased him. And Cain was very angry and his countenance fell. And the Lord said unto Cain, Why are you angry? Why is your countenance fallen? If you do well, will you not be accepted? And if you do not well, sin lies at the door, and Satan desires to have you, and except you shall hearken unto my commandments, I will deliver you up: and it shall be unto you according to his desire.

27. And Cain went into the field and talked with his brother Abel. And while they were in the field, Cain rose up against his brother Abel and slew him. And Cain gloried in what he had done, saying, I am free! Surely the flocks of my brother will now fall into my hands.

28. But the Lord said unto Cain, Where is Abel, your brother? And he said, I know not. Am I my brother's keeper? And the Lord said, What have you done? The voice of your brother's blood cries unto me from the ground. And now you shall be cursed from the earth which has opened her mouth to receive your brother's blood from your hand. When you till the ground, she shall not henceforth yield unto you her strength. A fugitive, and a vagabond also, you shall be in the earth.

29. And Cain said unto the Lord, Satan tempted me because of my brother's flocks. And I was also angry, for his offering was accepted and mine was not. My punishment is greater than I can bear. Behold, you have driven me out this day from the face of men, and from your face shall I be hid also; and I shall be a fugitive and a vagabond in the earth. And it shall come to pass, everyone that finds me will slay me because of my oath, for these things are not hid from the Lord. And the Lord said unto him, Therefore, whoever slays Cain, vengeance shall be taken on him sevenfold. And the Lord set a mark upon Cain, lest any finding him should kill him.

30. The object of the foregoing quotations is to show to this class the way by which mankind were first made acquainted with the existence of a God: that it was by a manifestation of God to man, and that God continued, after man's transgression, to manifest himself to him and his posterity: and notwithstanding they were separated from his immediate presence that they could not see his face, they continued to hear his voice.

31. Adam, thus being made acquainted with God, communicated the knowledge which he had unto his posterity; and it was through this means that the thought was first suggested to their minds that there was a God, which laid the foundation for the exercise of their faith, through which they could obtain a knowledge of his character and also of his glory.

Lecture Second

32. Not only was there a manifestation made unto Adam of the existence of a God, but Moses informs us, as before quoted, that God condescended to talk with Cain after his great transgression in slaying his brother, and that Cain knew that it was the Lord that was talking with him, so that when he was driven out from the presence of his brethren, he carried with him the knowledge of the existence of a God: and through this means, doubtless his posterity became acquainted with the fact that such a being existed.

33. From this we can see that the whole human family, in the early age of their existence, in all their different branches, had this knowledge disseminated among them; so that the existence of God became an object of faith in the early age of the world. And the evidences which these men had of the existence of a God was the testimony of their fathers in the first instance.

34. The reason why we have been thus particular on this part of our subject is that this class may see by what means it was that God became an object of faith among men after the fall, and what it was that stirred up the faith of multitudes to feel after him, to search after a knowledge of his character, perfections, and attributes until they became extensively acquainted with him; and not only commune with him and behold his glory, but be partakers of his power and stand in his presence.

35. Let this class mark particularly that the testimony which these men had of the existence of a God was the testimony of man, for previous to the time that any of Adam's posterity had obtained a manifestation of God to themselves, Adam, their common father, had testified unto them of the existence of God and of his eternal power and Godhead.

36. For instance, Abel, before he received the assurance from Heaven that his offerings were acceptable unto God, had received the important information of his father that such a being did exist, who had created and who did uphold all things. Neither can there be a doubt existing on the mind of any person that Adam was the first who did communicate the knowledge of the existence of a God to his posterity, and that the whole faith of the world, from that

time down to the present, is in a certain degree dependent on the knowledge first communicated to them by their common progenitor; and it has been handed down to the day and generation in which we live, as we shall show from the face of the sacred records.

37. First, Adam was 130 years old when Seth was born (Genesis 5:3) [Gen. 3:15]. And the days of Adam, after he had begotten Seth, were 800 years, making him 930 years old when he died (Gen. 5:4,5) [Gen. 3:15]. Seth was 105 when Enos was born (Gen. 5:6) [Gen. 3:16]; Enos was 90 when Cainan was born (Gen. 5:9) [Gen. 3:19]; Cainan was 70 when Mahalalel was born (5:12) [Gen. 3:20]; Mahalalel was 65 when Jared was born (5:15) [Gen. 3:21]; Jared was 162 when Enoch was born (5:18) [Gen. 3:22]; Enoch was 65 when Methuselah was born (5:21) [Gen. 3:25]; Methuselah was 187 when Lamech was born (5:25) [Gen. 5:3]; Lamech was 182 when Noah was born (5:28) [Gen. 5:4].

38. From this account it appears that Lamech, the ninth from Adam and the father of Noah, was 56 years old when Adam died; Methuselah, 243; Enoch, 308; Jared, 470; Mahalalel, 535; Cainan, 605; Enos, 695; and Seth, 800.

39. So that Lamech, the father of Noah, Methuselah, Enoch, Jared, Mahalalel, Cainan, Enos, Seth, and Adam were all living at the same time and, beyond all controversy, were all preachers of righteousness.

40. Moses further informs us that Seth lived after he begat Enos, 807 years, making him 912 years old at his death (Genesis 5:7,8) [Gen. 3:16,18]. And Enos lived after he begat Cainan, 815 years, making him 905 years old when he died (Gen. 5:10,11) [Gen. 3:19]. And Cainan lived after he begat Mahalalel, 840 years, making him 910 years old at his death (Gen. 5:13,14) [Gen. 3:20]. And Mahalalel lived after he begat Jared, 830 years, making 895 years old when he died (Gen. 5:16,17) [Gen. 3:21]. And Jared lived after he begat Enoch, 800 years, making him 962 years old at his death (Gen. 5:19,20) [Gen. 3:22,24]. And Enoch walked with God, after he begat Methuselah, 300 years, making him 365 years old when he was

translated (Gen. 5:22,23) [Gen. 4:23]. And Methuselah lived after he begat Lamech, 782 years, making him 969 years old when he died (Gen. 5:26,27) [Gen. 5:3]. Lamech lived after he begat Noah, 595 years, making him 777 years old when he died (Gen. 5:30,31) [Gen. 5:4].

41. Agreeably to this account, Adam died in the 930th year of the world, Enoch was translated in the 987th, Seth died in the 1042nd, Enos in the 1140th, Cainan in the 1235th, Mahalalel in the 1290th, Jared in the 1422nd, Lamech in the 1651st, and Methuselah in the 1656th, it being the same year in which the flood came.

42. So that Noah was 84 years old when Enos died, 176 when Cainan died, 234 when Mahalalel died, 366 when Jared died, 595 when Lamech died, and 600 when Methuselah died.

43. We can see from this that Enos, Cainan, Mahalalel, Jared, Methuselah, Lamech, and Noah all lived on the earth at the same time. And that Enos, Cainan, Mahalalel, Jared, Methuselah, and Lamech were all acquainted with both Adam and Noah.

44. From the foregoing it is easily to be seen, not only how the knowledge of God came into the world, but upon what principle it was preserved: that from the time it was first communicated, it was retained in the minds of righteous men who taught not only their own posterity, but the world, so that there was no need of a new revelation to man after Adam's creation to Noah, to give them the first idea or notion of the existence of a God—and not only of a God, but the true and living God.

45. Having traced the chronology of the world from Adam to Noah, we will now trace it from Noah to Abraham. Noah was 502 years old when Shem was born; 98 years afterward the flood came, being the 600th year of Noah's age. And Moses informs us that Noah lived after the flood 350 years, making him 950 years old when he died (Genesis 9:28, 29) [Gen. 5:24].

46. Shem was 100 years old when Arphaxad was born (Genesis 11:10) [Gen. 6:7]. Arphaxad was 35 when Selah was born (Gen.

11:12) [Gen. 6:7]; Selah was 30 when Eber was born (Gen. 11:14) [Gen. 6:7]; Eber was 34 when Peleg was born, in whose days the earth was divided (Gen. 11:16) [Gen. 6:7]; Peleg was 30 when Reu was born (Gen. 11:18) [Gen. 6:7]; Reu was 32 when Serug was born (Gen. 11:20) [Gen. 6:7]; Serug was 30 when Nahor was born (Gen. 11:22) [Gen. 6:7]; Nahor was 29 when Terah was born (Gen. 11:24) [Gen. 6:7]; Terah was 70 when Haran and Abraham were born (Gen. 11:26) [Gen. 6:7].

47. There is some difficulty in the account given by Moses of Abraham's birth. Some have supposed that Abraham was not born until Terah was 130 years old. This conclusion is drawn from a variety of scriptures which are not to our purpose at present to quote. Neither is it a matter of any consequence to us whether Abraham was born when Terah was 70 years old or 130. But in order that there may no doubt exist upon any mind in relation to the object lying immediately before us, in presenting the present chronology we will date the birth of Abraham at the latest period: that is, when Terah was 130 years old. It appears from this account that from the flood to the birth of Abraham was 352 years.

48. Moses informs us that Shem lived after he begat Arphaxad, 500 years (Genesis 11:11) [Gen. 6:7]; this added to 100 years, which was his age when Arphaxad was born, makes him 600 years old when he died. Arphaxad lived, after he begat Selah, 403 years (Gen. 11:13) [Gen. 6:7]; this added to 35 years, which was his age when Selah was born, makes him 438 years old when he died. Selah lived after he begat Eber, 403 years (Gen. 11:15) [Gen. 6:7]; this added to 30 years, which was his age when Eber was born, makes him 433 years old when he died. Eber lived after he begat Peleg, 430 years (Gen. 11:17) [Gen. 6:7]; this added to 34 years, which was his age when Peleg was born, makes him 464 years old. Peleg lived after he begat Reu, 209 years (Gen. 11:19) [Gen. 6:7]; this added to 30 years, which was his age when Reu was born makes him 239 years old when he died. Reu lived after he begat Serug 207 years (Gen. 11:21) [Gen. 6:7]; this added to 32 years, which was his age when Serug was born, makes him 239 years old when he died. Serug lived after he begat Nahor, 200 years (Gen. 11:23) [Gen. 6:7]; this added to 30 years, which was his age when Nahor was born, makes him 230 years old when he

died. Nahor lived after he begat Terah, 119 years (Gen. 11:25) [Gen. 6:7]; this added to 29 years, which was his age when Terah was born, makes him 148 years when he died. Terah was 130 years old when Abraham was born, and is supposed to have lived 75 years after his birth, making him 205 years old when he died.

49. Agreeably to this last account, Peleg died in the 1996th year of the world, Nahor in the 1997th, and Noah in the 2006th. So that Peleg, in whose days the earth was divided, and Nahor, the grandfather of Abraham, both died before Noah: the former being 239 years old and the latter 148. And who cannot but see that they must have had a long and intimate acquaintance with Noah?

50. Reu died in the 2026th year of the world, Serug in the 2049th, Terah in the 2083rd, Arphaxad in the 2096th, Selah in the 2126th, Shem in the 2158th, Abraham in the 2183rd, and Eber in the 2187th, which was 4 years after Abraham's death. And Eber was the fourth from Noah.

51. Nahor, Abraham's brother, was 58 years old when Noah died, Terah 128, Serug 187, Reu 219, Eber 283, Selah 313, Arphaxad 344, and Shem 448.

52. It appears from this account, that Nahor, brother of Abraham, Terah, Nahor, Serug, Reu, Peleg, Eber, Selah, Arphaxad, Shem, and Noah all lived on the earth at the same time. And that Abraham was 18 years old when Reu died, 41 when Serug and his brother Nahor died, 75 when Terah died, 88 when Arphaxad died, 118 when Selah died, 150 when Shem died, and that Eber lived 4 years after Abraham's death. And that Shem, Arphaxad, Selah, Eber, Reu, Serug, Terah, and Nahor, the brother of Abraham, and Abraham, lived at the same time. And that Nahor, brother of Abraham, Terah, Serug, Reu, Eber, Selah, Arphaxad, and Shem, were all acquainted with both Noah and Abraham.

53. We have now traced the chronology of the world, agreeably to the account given in our present Bible, from Adam to Abraham, and have clearly determined, beyond the power of controversy, that there was no difficulty in preserving the knowledge of God in the

world from the creation of Adam, and the manifestation made to his immediate descendants, as set forth in the former part of this lecture, so that the students in this class need not have any dubiety resting on their minds on this subject; for they can easily see that it is impossible for it to be otherwise, but that the knowledge of the existence of a God must have continued from father to son as a matter of tradition, at least. For we cannot suppose that a knowledge of this important fact could have existed in the mind of any of the before-mentioned individuals without their having made it known to their posterity.

54. We have now shown how it was that the first thought ever existed in the mind of any individual that there was such a being as a God, who had created and did uphold all things: that it was by reason of the manifestation which he first made to our father Adam, when he stood in his presence and conversed with him face to face, at the time of his creation.

55. Let us here observe that after any portion of the human family are made acquainted with the important fact that there is a God who has created and does uphold all things, the extent of their knowledge, respecting his character and glory, will depend upon their diligence and faithfulness in seeking after him, until like Enoch, the brother of Jared, and Moses, they shall obtain faith in God and power with him to behold him face to face.

56. We have now clearly set forth how it is, and how it was, that God became an object of faith for rational beings, and also upon what foundation the testimony was based, which excited the inquiry and diligent search of the ancient saints to seek after and obtain a knowledge of the glory of God. And we have seen that it was human testimony, and human testimony only, that excited this inquiry in the first instance in their minds—it was the credence they gave to the testimony of their fathers—this testimony having aroused their minds to inquire after the knowledge of God, the inquiry frequently terminated, indeed always terminated, when rightly pursued, in the most glorious discoveries and Eternal certainty.

Questions and Answers on the Foregoing Principles

57. Question 1: Is there a being who has faith in himself independently?
Answer: There is.

58. Question 2: Who is it?
A: It is God.

59. Question 3: How do you prove that God has faith in himself independently?
A: Because he is omnipotent, omnipresent, and omniscient, without beginning of days or end of life, and in him all fullness dwells. Ephesians 1:23 [Eph. 1:3]: Which is his body, the fullness of him that filleth all in all. Colossians 1:19 [Col. 1:4]: For it pleased the Father that in him should all fullness dwell (¶12).

60. Question 4: Is he the object in whom the faith of all other rational and accountable beings centers for life and salvation?
A: He is.

61. Question 5: How do you prove it?
A: Isaiah 45:22 [Isa. 15:19]: Look unto me, and be ye saved, all the ends of the earth: for I am God and there is none else. Romans 11:34–36 [Rom. 1:58]: For who hath known the mind of the Lord? Or who hath been his counselor? Or who hath first given to him, and it shall be recompensed unto him again? For of him, and through him, and to him, are all things: to whom be glory for ever. Amen. Isaiah 40:9–17 [Isa. 14:2–3]: O Zion that bringest good tidings (or, O thou that tellest good tidings to Zion), get thee up into the high mountain: O Jerusalem, that bringest good tidings (or, O thou that tellest good tidings to Jerusalem), lift up thy voice with strength; lift it up, be not afraid; say unto the cities of Judah, Behold your God! Behold the Lord your God will come with strong hand [or, against the strong] and his arm shall rule for him: behold, his reward is with him and his work before him (or, recompense for his work). He shall feed his flock like a shepherd: he shall gather his lambs with his arms, and carry them in his bosom, and shall gently lead those that are with young. Who hath measured the waters in the hollow of his hand, and meted out heaven with the span, and comprehended the dust of the earth in a measure, weighed the

mountains in scales and the hills in a balance? Who hath directed the spirit of the Lord or, being his counselor, hath taught him? With whom took he counsel, and who instructed him, and taught him in the path of judgment, and taught him knowledge, and shewed to him the way of understanding? Behold, the nations are as a drop of a bucket and are counted as the small dust of the balance; behold, he taketh up the isles as a very little thing. And Lebanon is not sufficient to burn, nor the beasts thereof sufficient for a burnt offering. All nations are before him as nothing, and they are counted to him less than nothing and vanity. Jeremiah 51:15,16 [Jer. 18:13]: He (the Lord) hath made the earth by his power, he hath established the world by his wisdom, and hath stretched out the Heaven by his understanding. When he uttereth his voice there is a multitude of waters in the heavens; and he causeth the vapors to ascend from the ends of the earth: He maketh lightnings with rain, and bringeth forth the wind out of his treasures. 1 Corinthians 8:6 [1 Cor. 1:32]: But to us there is but one God, the Father, of whom are all things, and we in him, and one Lord Jesus Christ, by whom are all things, and we by him (¶12).

62. Question 6: How did men first come to the knowledge of the existence of a God, so as to exercise faith in him?
A: In order to answer this question, it will be necessary to go back and examine man at his creation, the circumstances in which he was placed, and the knowledge which he had of God (¶¶3–11).

63. First, when man was created he stood in the presence of God (Genesis 1:27,28) [Gen. 2:8–9]. From this we learn that man, at his creation, stood in the presence of his God, and had most perfect knowledge of his existence.

64. Secondly, God conversed with him after his transgression (Genesis 3:8–22) [Gen. 2:17–19] (¶¶13–17). From this we learn that, though man did transgress, he was not deprived of the previous knowledge which he had of the existence of God (¶19).

65. Thirdly, God conversed with man after he cast him out of the garden (¶¶22–25).

66. Fourthly, God also conversed with Cain after he had slain Abel (Genesis 4:4–6) [Gen. 3:8] (¶¶ 26–29).

67. Question 7: What is the object of the foregoing quotation?
A: It is that it may be clearly seen how it was that the first thoughts were suggested to the minds of men of the existence of God, and how extensively this knowledge was spread among the immediate descendants of Adam (¶¶ 30–33).

68. Question 8: What testimony had the immediate descendants of Adam in proof of the existence of a God?
A: The testimony of their father. And after they were made acquainted with his existence by the testimony of their father, they were dependent upon the exercise of their own faith for a knowledge of his character, perfections, and attributes (¶¶ 23–26).

69. Question 9: Had any others of the human family, besides Adam, a knowledge of the existence of God, in the first instance, by any other means than human testimony?
A: They had not. For previous to the time that they could have power to obtain a manifestation for themselves, the all-important fact had been communicated to them by their common father: and so, from father to child, the knowledge was communicated as extensively as the knowledge of his existence was known; for it was by this means, in the first instance, that men had a knowledge of his existence (¶¶ 35, 36).

70. Question 10: How do you know that the knowledge of the existence of God was communicated in this manner throughout the different ages of the world?
A: By the chronology obtained through the revelations of God.

71. Question 11: How would you divide that chronology in order to convey it to the understanding clearly?
A: Into two parts: First, by embracing that period of the world from Adam to Noah, and secondly, from Noah to Abraham, from which period the knowledge of the existence of God has been so general that it is a matter of no dispute in what manner the idea of his existence has been retained in the world.

72. Question 12: How many noted righteous men lived from Adam to Noah?
A: Nine, which includes Abel, who was slain by his brother.

73. Question 13: What are their names?
A: Abel, Seth, Enos, Cainan, Mahalalel, Jared, Enoch, Methuselah, and Lamech.

74. Question 14: How old was Adam when Seth was born?
A: One hundred and thirty years (Genesis 5:3) [Gen. 3:15].

75. Question 15: How many years did Adam live after Seth was born?
A: Eight hundred (Genesis 5:4) [Gen. 3:15].

76. Question 16: How old was Adam when he died?
A: Nine hundred and thirty years (Genesis 5:5) [Gen. 3:15].

77. Question 17: How old was Seth when Enos was born?
A: One hundred and five years (Genesis 5:6) [Gen. 3:16].

78. Question 18: How old was Enos when Cainan was born?
A: Ninety years (Genesis 5:9) [Gen. 3:19].

79. Question 19: How old was Cainan when Mahalalel was born?
A: Seventy years (Genesis 5:12) [Gen. 3:20].

80. Question 20: How old was Mahalalel when Jared was born?
A: Sixty-five years (Genesis 5:15) [Gen. 3:21].

81. Question 21: How old was Jared when Enoch was born?
A: One hundred and sixty-two years (Genesis 5:18) [Gen. 3:22].

82. Question 22: How old was Enoch when Methuselah was born?
A: Sixty-five (Genesis 5:21) [Gen. 3:25].

83. Question 23: How old was Methuselah when Lamech was born?
A: One hundred and eighty-seven years (Genesis 5:25) [Gen. 5:3].

84. Question 24: How old was Lamech when Noah was born?
A: One hundred and eighty-two years (Genesis 5:28) [Gen. 5:4]. For this chronology see (¶37).

85. Question 25: How many years, according to this account, was it from Adam to Noah?
A: One thousand and fifty-six years.

86. Question 26: How old was Lamech when Adam died?
A: Lamech, the ninth from Adam (including Abel), and father of Noah, was fifty-six years old when Adam died.

87. Question 27: How old was Methuselah?
A: Two hundred and forty-three years.

88. Question 28: How old was Enoch?
A: Three hundred and eight years.

89. Question 29: How old was Jared?
A: Four hundred and seventy years.

90. Question 30: How old was Mahalalel?
A: Five hundred and thirty-five.

91. Question 31: How old was Cainan?
A: Six hundred and five years.

92. Question 32: How old was Enos?
A: Six hundred and ninety-five years.

93. Question 33: How old was Seth?
A: Eight hundred. For this item of the account see (¶38).

94. Question 34: How many of these noted men were contemporary with Adam?
A: Nine.

95. Question 35: What are their names?

A: Abel, Seth, Enos, Cainan, Mahalalel, Jared, Enoch, Methuselah, and Lamech (¶39).

96. Question 36: How long did Seth live after Enos was born?
A: Eight hundred and seven years (Genesis 5:7) [Gen. 3:16].

97. Question 37: What was Seth's age when he died?
A: Nine hundred and twelve years (Genesis 5:8) [Gen. 3:18].

98. Question 38: How long did Enos live after Cainan was born?
A: Eight hundred and fifteen years (Genesis 5:10) [Gen. 3:19].

99. Question 39: What was Enos's age when he died?
A: Nine hundred and five years (Genesis 5:11) [Gen. 3:19].

100. Question 40: How long did Cainan live after Mahalalel was born?
A: Eight hundred and forty years (Genesis 5:13) [Gen. 3:20].

101. Question 41: What was Cainan's age when he died?
A: Nine hundred and ten years (Genesis 5:14) [Gen. 3:20].

102. Question 42: How long did Mahalalel live after Jared was born?
A: Eight hundred and thirty years (Genesis 5:16) [Gen. 3:21].

103. Question 43: What was Mahalalel's age when he died?
A: Eight hundred and ninety-five years (Genesis 5:17) [Gen. 3:21].

104. Question 44: How long did Jared live after Enoch was born?
A: Eight hundred years (Genesis 5:19) [Gen. 3:22].

105. Question 45: What was Jared's age when he died?
A: Nine hundred and sixty-two years (Genesis 5:20) [Gen. 3:24].

106. Question 46: How long did Enoch walk with God after Methuselah was born?
A: Three hundred years (Genesis 5:22) [Gen. 4:23].

107. Question 47: What was Enoch's age when he was translated?

A: Three hundred and sixty-five years (Genesis 5:23) [Gen. 4:23].

108. Question 48: How long did Methuselah live after Lamech was born?
A: Seven hundred and eighty-two years (Genesis 5:26) [Gen. 5:3].

109. Question 49: What was Methuselah's age when he died?
A: Nine hundred and sixty-nine years (Genesis 5:27) [Gen. 5:3].

110. Question 50: How long did Lamech live after Noah was born?
A: Five hundred and ninety-five years (Genesis 5:30) [Gen. 5:4].

111. Question 51: What was Lamech's age when he died?
A: Seven hundred and seventy-seven years (Genesis 5:31) [Gen. 5:4]. For the account of the last item see (¶40).

112. Question 52: In what year of the world did Adam die?
A: In the nine hundred and thirtieth.

113. Question 53: In what year was Enoch translated?
A: In the nine hundred and eighty-seventh.

114. Question 54: In what year did Seth die?
A: In the one thousand and forty-second.

115. Question 55: In what year did Enos die?
A: In the eleven hundred and fortieth.

116. Question 56: In what year did Cainan die?
A: In the twelve hundred and thirty-fifth.

117. Question 57: In what year did Mahalalel die?
A: In the twelve hundred and ninetieth.

118. Question 58: In what year did Jared die?
A: In the fourteen hundred and twenty-second.

119. Question 59: In what year did Lamech die?
A: In the sixteen hundred and fifty-first.

120. Question 60: In what year did Methuselah die?
A: In the sixteen hundred and fifty-sixth. For this account see (¶41).

121. Question 61: How old was Noah when Enos died?
A: Eighty-four years.

122. Question 62: How old when Cainan died?
A: One hundred and seventy-nine years.

123. Question 63: How old when Mahalalel died?
A: Two hundred and thirty-four years.

124. Question 64: How old when Jared died?
A: Three hundred and sixty-six years.

125. Question 65: How old when Lamech died?
A: Five hundred and ninety-five years.

126. Question 66: How old when Methuselah died?
A: Six hundred years. See (¶42) for the last item.

127. Question 67: How many of those men lived in the days of Noah?
A: Six.

128. Question 68: What are their names?
A: Seth, Enos, Cainan, Mahalalel, Jared, Methuselah, and Lamech (¶43).

129. Question 69: How many of those men were contemporary with Adam and Noah both?
A: Six.

130. Question 70: What are their names?
A: Enos, Cainan, Mahalalel, Jared, Methuselah, and Lamech (¶43).

131. Question 71: According to the foregoing account, how was the knowledge of the existence of God first suggested to the minds of men?

A: By the manifestation made to our father Adam when he was in the presence of God, both before and while he was in Eden (¶44).

132. Question 72: How was the knowledge of the existence of God disseminated among the inhabitants of the world?
A: By tradition from father to son (¶44).

133. Question 73: How old was Noah when Shem was born?
A: Five hundred and two years (Genesis 5:32) [Gen. 5:5], (Gen. 11:10) [Gen. 6:7].

134. Question 74: What was the term of years from the birth of Shem to the flood?
A: Ninety-eight.

135. Question 75: What was the term of years that Noah lived after the flood?
A: Three hundred and fifty (Genesis 9:28) [Gen. 5:24].

136. Question 76: What was Noah's age when he died?
A: Nine hundred and fifty years (Genesis 9:29) [Gen. 5:24].

137. Question 77: What was Shem's age when Arphaxad was born?
A: One hundred years (Genesis 11:10) [Gen. 6:7].

138. Question 78: What was Arphaxad's age when Selah was born?
A: Thirty-five years (Genesis 11:12) [Gen. 6:7].

139. Question 79: What was Selah's age when Eber was born?
A: Thirty (Genesis 11:14) [Gen. 6:7].

140. Question 80: What was Eber's age when Peleg was born?
A: Thirty-four years (Genesis 11:16) [Gen. 6:7].

141. Question 81: What was Peleg's age when Reu was born?
A: Thirty years (Genesis 11:18) [Gen. 6:7].

142. Question 82: What was Reu's age when Serug was born?
A: Thirty-two years (Genesis 11:20) [Gen. 6:7].

143. Question 83: What was Serug's age when Nahor was born?
A: Thirty years (Genesis 11:22) [Gen. 6:7].

144. Question 84: What was Nahor's age when Terah was born?
A: Twenty-nine years (Genesis 11:24) [Gen. 6:7].

145. Question 85: What was Terah's age when Nahor (the brother of Abraham) was born?
A: Seventy years (Genesis 11:26) [Gen. 6:7].

146. Question 86: What was Terah's age when Abraham was born?
A: Some suppose one hundred and thirty years, and others seventy (Genesis 11:26) [Gen. 6:7] (¶46).

147. Question 87: What was the number of years from the flood to the birth of Abraham?
A: Supposing Abraham to have been born when Terah was one hundred and thirty years old, it was three hundred and fifty-two years, but if he were born when Terah was seventy years old, it was two hundred and ninety-two years (¶47).

148. Question 88: How long did Shem live after Arphaxad was born?
A: Five hundred years (Genesis 11:11) [Gen. 6:7].

149. Question 89: What was Shem's age when he died?
A: Six hundred years (Genesis 11:11) [Gen. 6:7].

150. Question 90: What number of years did Arphaxad live after Selah was born?
A: Four hundred and three years (Genesis 11:13) [Gen. 6:7].

151. Question 91: What was Arphaxad's age when he died?
A: Four hundred and thirty-eight years.

152. Question 92: What number of years did Selah live after Eber was born?
A: Four hundred and three years (Genesis 11:15) [Gen. 6:7].

Lecture Second

153. Question 93: What was Selah's age when he died?
A: Four hundred and thirty-three years.

154. Question 94: What number of years did Eber live after Peleg was born?
A: Four hundred and thirty years (Genesis 11:17) [Gen. 6:7].

155. Question 95: What was Eber's age when he died?
A: Four hundred and sixty-four years.

156. Question 96: What number of years did Peleg live after Reu was born?
A: Two hundred and nine years (Genesis 11:19) [Gen. 6:7].

157. Question 97: What was Peleg's age when he died?
A: Two hundred and thirty-nine years.

158. Question 98: What number of years did Reu live after Serug was born?
A: Two hundred and seven years (Genesis 11:21) [Gen. 6:7].

159. Question 99: What was Reu's age when he died?
A: Two hundred and thirty-nine years.

160. Question 100: What number of years did Serug live after Nahor was born?
A: Two hundred years (Genesis 11:23) [Gen. 6:7].

161. Question 101: What was Serug's age when he died?
A: Two hundred and thirty years.

162. Question 102: What number of years did Nahor live after Terah was born?
A: One hundred and nineteen years (Genesis 11:25) [Gen. 6:7].

163. Question 103: What was Nahor's age when he died?
A: One hundred and forty-eight years.

164. Question 104: What number of years did Terah live after Abraham was born?
A: Supposing Terah to have been one hundred and thirty years old when Abraham was born, he lived seventy-five years, but if Abraham was born when Terah was seventy years old, he lived one hundred and thirty-five.

165. Question 105: What was Terah's age when he died?
A: Two hundred and five years (Genesis 11:32) [Gen. 6:8]. For this account from the birth of Arphaxad to the death of Terah, see (¶48).

166. Question 106: In what year of the world did Peleg die?
A: Agreeably to the foregoing chronology, he died in the nineteen hundred and ninety-sixth year of the world.

167. Question 107: In what year of the world did Nahor die?
A: In the nineteen hundred and ninety-seventh.

168. Question 108: In what year of the world did Noah die?
A: In the two thousand and sixth.

169. Question 109: In what year of the world did Reu die?
A: In the two thousand and twenty-sixth.

170. Question 110: In what year of the world did Serug die?
A: In the two thousand and forty-ninth.

171. Question 111: In what year of the world did Terah die?
A: In the two thousand and eighty-third.

172. Question 112: In what year of the world did Arphaxad die?
A: In the two thousand and ninety-sixth.

173. Question 113: In what year of the world did Selah die?
A: In the twenty one hundred and twenty-sixth.

174. Question 114: In what year of the world did Abraham die?
A: In the twenty one hundred and eighty-third.

175. Question 115: In what year of the world did Eber die?
A: In the twenty one hundred and eighty-seventh. For this account of the year of the world in which those men died, see (¶¶49–50).

176. Question 116: How old was Nahor, Abraham's brother, when Noah died?
A: Fifty-eight years.

177. Question 117: How old was Terah?
A: One hundred and twenty-eight.

178. Question 118: How old was Serug?
A: One hundred and eighty-seven.

179. Question 119: How old was Reu?
A: Two hundred and nineteen.

180. Question 120: How old was Eber?
A: Two hundred and eighty-three.

181. Question 121: How old was Selah?
A: Three hundred and thirteen.

182. Question 122: How old was Arphaxad?
A: Three hundred and forty-eight.

183. Question 123: How old was Shem?
A: Four hundred and forty-eight. For the last account, see (¶51).

184. Question 124: How old was Abraham when Reu died?
A: Eighteen years, if he were born when Terah was one hundred and thirty years old.

185. Question 125: What was his age when Serug and Nahor, Abraham's brother, died?
A: Forty-one years.

186. Question 126: What was his age when Terah died?
A: Seventy-five years.

187. Question 127: What was his age when Arphaxad died?
A: Eighty-eight.

188. Question 128: What was his age when Selah died?
A: One hundred and eighteen years.

189. Question 129: What was his age when Shem died?
A: One hundred and fifty years. For this see (¶52).

190. Question 130: How many noted characters lived from Noah to Abraham?
A: Ten.

191. Question 131: What are their names?
A: Shem, Arphaxad, Selah, Eber, Peleg, Reu, Serug, Nahor, Terah, and Nahor, Abraham's brother (¶52).

192. Question 132: How many of these were contemporary with Noah?
A: The whole.

193. Question 133: How many with Abraham?
A: Eight.

194. Question 134: What are their names?
A: Nahor, Abraham's brother, Terah, Serug, Reu, Eber, Selah, Arphaxad, and Shem.(¶52).

195. Question 135: How many were contemporary with both Noah and Abraham?
A: Eight.

196. Question 136: What are their names?
A: Shem, Arphaxad, Selah, Eber, Reu, Serug, Terah, and Nahor, Abraham's brother (¶52).

197. Question 137: Did any of these men die before Noah?
A: They did.

198. Question 138: Who were they?
A: Peleg, in whose days the earth was divided, and Nahor, Abraham's grandfather (¶49).

199. Question 139: Did any one of them live longer than Abraham?
A: There was one (¶50).

200. Question 140: Who was it?
A: Eber, the fourth from Noah (¶50).

201. Question 141: In whose days was the earth divided?
A: In the days of Peleg.

202. Question 142: Where have we the account given that the earth was divided in the days of Peleg?
A: Genesis 10:25 [Gen. 6:4].

203. Question 143: Can you repeat the sentence?
A: Unto Eber were born two sons; the name on one was Peleg, for in his days the earth was divided.

204. Question 144: What testimony have men, in the first instance, that there is a God?
A: Human testimony and human testimony only (¶56).

205. Question 145: What excited the ancient saints to seek diligently after a knowledge of the glory of God, his perfections, and attributes?
A: The credence they gave to the testimony of their fathers (¶56).

206. Question 146: How do men obtain a knowledge of the glory of God, his perfections, and attributes?
A: By devoting themselves to his service, through prayer and supplication incessantly, strengthening their faith in him, until like Enoch, the brother of Jared, and Moses, they obtain a manifestation of God to themselves (¶55).

207. Question 147: Is the knowledge of the existence of God a matter of mere tradition, founded upon human testimony alone, until a person receives a manifestation of God to themselves?
A: It is.

208. Question 148: How do you prove it?
A: From the whole of the first and second lectures.

[See Appendix: Timeline of the Fathers]

LECTURE THIRD
Of Faith

1. In the second lecture it was shown how it was that the knowledge of the existence of God came into the world, and by what means the first thoughts were suggested to the minds of men that such a being did actually exist. And that it was by reason of the knowledge of his existence that there was a foundation laid for the exercise of faith in him as the only being in whom faith could center for life and salvation. For faith could not center in a being of whose existence we had no idea, because the idea of his existence in the first instance is essential to the exercise of faith in him. Romans 10:14 [Rom. 1:49]: How then shall they call on him in whom they have not believed? And how shall they believe in him of whom they have not heard? And how shall they hear without a preacher (or one sent to tell them)? So then faith comes by hearing the word of God (New Translation).

2. Let us here observe that three things are necessary in order that any rational and intelligent being may exercise faith in God unto life and salvation.

3. First, the idea that he actually exists.

4. Secondly, a correct idea of his character, perfections, and attributes.

5. Thirdly, an actual knowledge that the course of life which he is pursuing is according to his will. For without an acquaintance with these three important facts, the faith of every rational being must be imperfect and unproductive, but with this understanding it can become perfect and fruitful, abounding in righteousness unto the praise and glory of God the Father and the Lord Jesus Christ.

6. Having previously been made acquainted with the way the idea of his existence came into the world, as well as the fact of his existence, we shall proceed to examine his character, perfections, and attributes, in order that this class may see not only the just grounds which they have for the exercise of faith in him for life and

salvation, but the reasons that all the world also, as far as the idea of his existence extends, may have to exercise faith in him, the Father of all living.

7. As we have been indebted to a revelation which God made of himself to his creatures, in the first instance, for the idea of his existence, so in like manner we are indebted to the revelations which he has given to us for a correct understanding of his character, perfections, and attributes, because without the revelations which he has given to us, no man by searching could find out God. Job 11:7–9 [Job 5:2]. 1 Corinthians 2:9–11 [1 Cor. 1:8]: But as it is written: Eye has not seen, nor ear heard, neither have entered into the heart of man, the things which God has prepared for them that love him, but God has revealed them unto us by his spirit: for the spirit searches all things, yea, the deep things of God. For what man knows the things of a man save the spirit of man which is in him? Even so, the things of God no man knows but by the spirit of God.

8. Having said so much, we proceed to examine the character which the revelations have given of God.

9. Moses gives us the following account in Exodus 34:6 [Exo. 18:6]: And the Lord passed by before him and proclaimed, The Lord God, the Lord God, merciful and gracious, long-suffering and abundant in goodness and truth. Psalms 103:6 – 8 [Ps. 103:1]: The Lord executes righteousness and judgment for all that are oppressed. He made known his ways unto Moses, his acts unto the children of Israel. The Lord is merciful and gracious, slow to anger and plenteous in mercy. Psalms 103:17,18 [Ps. 103:2]: But the mercy of the Lord is from everlasting to everlasting upon them that fear him, and his righteousness unto children's children, to such as keep his covenant and to those that remember his commandments to do them. Psalms 90:2 [Ps. 90:1]: Before the mountains were brought forth, or ever you had formed the earth and the world, even from everlasting to everlasting, you are God. Hebrews 1:10–12 [Heb. 1:2]: And you, Lord, in the beginning have laid the foundation of the earth and the heavens are the works of your hands: they shall perish, but you shall remain; and they shall wax old as a garment,

and as a vesture shall you fold them up, and they shall be changed, but you are the same and your years shall not fail. James 1:17 [Epistle of Jacob 1:5]: Every good gift and every perfect gift is from above and comes down from the Father of Lights, with whom is no variableness, neither shadow of turning. Malachi 3:6 [Mal. 1:6]: For I am the Lord, I change not; therefore, ye sons of Jacob are not consumed.

10. Book of Commandments, chapt. 2nd, commencing in the third line of the first paragraph [JSH 10:2]: For God doth not walk in crooked paths, neither doth he turn to the right hand nor to the left, neither doth he vary from that which he hath said, therefore his paths are straight and his course is one eternal round. Book of Commandments, chapt. 37:1 [T&C 18:1]: Listen to the voice of the Lord your God, even Alpha and Omega, the Beginning and the End, whose course is one eternal round, the same today as yesterday and for ever.

11. Numbers 23:19 [Num. 10:24]: God is not a man that he should lie, neither the son of man that he should repent. 1 John 4:8 [1 John 1:19]: He that loves not knows not God, for God is love. Acts 10:34 [Acts 6:7]: Then Peter opened his mouth and said, Of a truth I perceive that God is no respecter of persons, but in every nation, he that fears God and works righteousness is accepted with him.

12. From the foregoing testimonies we learn the following things respecting the character of God:

13. First, that he was God before the world was created, and the same God that he was after it was created.

14. Secondly, that he is merciful and gracious, slow to anger, abundant in goodness, and that he was so from everlasting and will be to everlasting.

15. Thirdly, that he changes not, neither is there variableness with him, but that he is the same from everlasting to everlasting, being the same yesterday, today, and for ever; and that his course is one eternal round, without variation.

16. Fourthly, that he is a God of truth and cannot lie.

17. Fifthly, that he is no respecter of persons, but in every nation he that fears God and works righteousness is accepted of him.

18. Sixthly, that he is love.

19. An acquaintance with these attributes in the divine character is essentially necessary in order that the faith of any rational being can center in him for life and salvation. For if he did not in the first instance believe him to be God, that is, the creator and upholder of all things, he could not center his faith in him for life and salvation, for fear there should be a greater than he who would thwart all his plans, and he, like the gods of the heathen, would be unable to fulfill his promises. But seeing he is God over all, from everlasting to everlasting, the creator and upholder of all things, no such fear can exist in the minds of those who put their trust in him, so that in this respect their faith can be without wavering.

20. But secondly: unless he was merciful and gracious, slow to anger, long-suffering, and full of goodness, such is the weakness of human nature and so great the frailties and imperfections of men that unless they believed that these excellencies existed in the divine character, the faith necessary to salvation could not exist. For doubt would take the place of faith, and those who know their weakness and liability to sin would be in constant doubt of salvation, if it were not for the idea which they have of the excellency of the character of God: that he is slow to anger, and long-suffering, and of a forgiving disposition, and does forgive iniquity, transgression, and sin. An idea of these facts does away doubt and makes faith exceedingly strong.

21. But it is equally as necessary that men should have the idea that he is a God who changes not in order to have faith in him as it is to have the idea that he is gracious and long-suffering. For without the idea of unchangeableness in the character of the Deity, doubt would take the place of faith. But with the idea that he changes not, faith lays hold upon the excellencies in his character with unshaken

confidence, believing he is the same yesterday, today, and for ever, and that his course is one eternal round.

22. And again, the idea that he is a God of truth and cannot lie is equally as necessary to the exercise of faith in him as the idea of his unchangeableness. For without the idea that he was a God of truth and could not lie, the confidence necessary to be placed in his word in order to the exercise of faith in him could not exist. But having the idea that he is not man that he can lie, it gives power to the minds of men to exercise faith in him.

23. But it is also necessary that men should have an idea that he is no respecter of persons, for with the idea of all the other excellencies in his character and this one wanting, men could not exercise faith in him; because if he were a respecter of persons, they could not tell what their privileges were, nor how far they were authorized to exercise faith in him, or whether they were authorized to do it at all; but all must be confusion. But no sooner are the minds of men made acquainted with the truth on this point—that he is no respecter of persons—than they see that they have authority by faith to lay hold on eternal life, the richest boon of Heaven, because God is no respecter of persons and that every man in every nation has an equal privilege.

24. And lastly, but not less important to the exercise of faith in God, is the idea that he is love, for with all the other excellencies in his character, without this one to influence them, they could not have such powerful dominion over the minds of men. But when the idea is planted in the mind that he is love, who cannot see the just ground that men of every nation, kindred, and tongue have to exercise faith in God so as to obtain eternal life?

25. From the above description of the character of the Deity which is given him in the revelations to men, there is a sure foundation for the exercise of faith in him among every people, nation, and kindred, from age to age, and from generation to generation.

26. Let us here observe that the foregoing is the character which is given of God in his revelations to the Former Day Saints, and it is

also the character which is given of him in his revelations to the Latter Day Saints, so that the saints of former days and those of latter days are both alike in this respect; the "Latter Day Saints" having as good grounds to exercise faith in God as the former day saints had because the same character is given of him to both.

Questions and Answers on the Foregoing Principles

27. Question 1: What was shown in the second lecture?
Answer: It was shown how the knowledge of the existence of God came into the world (¶1).

28. Question 2: What is the effect of the idea of his existence among men?
A: It lays the foundation for the exercise of faith in him (¶1).

29. Question 3: Is the idea of his existence, in the first instance, necessary in order for the exercise of faith in him?
A: It is (¶1).

30. Question 4: How do you prove it?
A: Romans 10:14 [Rom. 1:49] (¶1).

31. Question 5: How many things are necessary for us to understand, respecting the Deity and our relation to him, in order that we may exercise faith in him for life and salvation?
A: Three (¶2).

32. Question 6: What are they?
A: First, that God does actually exist. Secondly, correct ideas of his character, his perfections, and attributes. And thirdly, that the course which we pursue is according to his mind and will (¶¶3–5).

33. Question 7: Would the idea of any one or two of the above-mentioned things enable a person to exercise faith in God?
A: It would not, for without the idea of them all, faith would be imperfect and unproductive (¶5).

34. Question 8: Would an idea of these three things lay a sure foundation for the exercise of faith in God so as to obtain life and salvation?
A: It would, for by the idea of these three things, faith could become perfect and fruitful, abounding in righteousness unto the praise and glory of God (¶5).

35. Question 9: How are we to be made acquainted with the before-mentioned things respecting the Deity, and respecting ourselves?
A: By revelation (¶6).

36. Question 10: Could these things be found out by any other means than by revelation?
A: They could not.

37. Question 11: How do you prove it?
A: By the scriptures: Job 11:7–9 [Job 5:2]; 1 Corinthians 2:9–11 [1 Cor. 1:8] (¶7).

38. Question 12: What things do we learn in the revelations of God respecting his character?
A: We learn the six following things: First, that he was God before the world was created and the same God that he was after it was created. Secondly, that he is merciful and gracious, slow to anger, abundant in goodness, and that he was so from everlasting, and will be so to everlasting. Thirdly, that he changes not, neither is there variableness with him, and that his course is one eternal round. Fourthly, that he is a God of truth and cannot lie. Fifthly, that he is no respecter of persons. And Sixthly, that he is love (¶¶12–18).

39. Question 13: Where do you find the revelations which give us this idea of the character of the Deity?
A: In the Bible and Book of Commandments, and they are quoted in the third lecture (¶¶9–11).

40. Question 14: What effect would it have on any rational being not to have an idea that the Lord was God, the creator and upholder of all things?

A: It would prevent him from exercising faith in him unto life and salvation.

41. Question 15: Why would it prevent him from exercising faith in God?
A: Because he would be as the heathen, not knowing but there might be a being greater and more powerful than he, and thereby he be prevented from fulfilling his promises (¶19).

42. Question 16: Does this idea prevent this doubt?
A: It does, for persons having this idea are enabled thereby to exercise faith without this doubt (¶19).

43. Question 17: Is it not also necessary to have the idea that God is merciful and gracious, long-suffering and full of goodness?
A: It is (¶20).

44. Question 18: Why is it necessary?
A: Because of the weakness and imperfections of human nature and the great frailties of man; for such is the weakness of man and such his frailties that he is liable to sin continually, and if God were not long-suffering and full of compassion, gracious and merciful, and of a forgiving disposition, man would be cut off from before him, in consequence of which he would be in continual doubt and could not exercise faith: for where doubt is, there faith has no power. But by man's believing that God is full of compassion and forgiveness, long-suffering and slow to anger, he can exercise faith in him and overcome doubt so as to be exceedingly strong (¶20).

45. Question 19: Is it not equally as necessary that man should have an idea that God changes not, neither is there variableness with him, in order to exercise faith in him unto life and salvation?
A: It is, because without this, he would not know how soon the mercy of God might change into cruelty, his long-suffering into rashness, his love into hatred, and in consequence of which doubt man would be incapable of exercising faith in him. But having the idea that he is unchangeable, man can have faith in him continually, believing that what he was yesterday he is today and will be for ever (¶21).

46. Question 20: Is it not necessary also for men to have an idea that God is a being of truth before they can have perfect faith in him?
A: It is, for unless men have this idea, they cannot place confidence in his word, and not being able to place confidence in his word, they could not have faith in him. But believing that he is a God of truth and that his word cannot fail, their faith can rest in him without doubt (¶22).

47. Question 21: Could man exercise faith in God so as to obtain eternal life unless he believed that God was no respecter of persons?
A: He could not, because without this idea he could not certainly know that it was his privilege so to do, and in consequence of this doubt his faith could not be sufficiently strong to save him (¶23).

48. Question 22: Would it be possible for a man to exercise faith in God so as to be saved unless he had an idea that God was love?
A: He could not, because man could not love God unless he had an idea that God was love, and if he did not love God, he could not have faith in him (¶24).

49. Question 23: What is the description, which the sacred writers give of the character of the Deity, calculated to do?
A: It is calculated to lay a foundation for the exercise of faith in him, as far as the knowledge extends among all people, tongues, languages, kindreds, and nations, and that from age to age and from generation to generation (¶25).

50. Question 24: Is the character which God has given of himself uniform?
A: It is, in all his revelations, whether to the Former Day Saints or to the Latter Day Saints, so that they all have the authority to exercise faith in him and to expect by the exercise of their faith to enjoy the same blessings (¶26).

LECTURE FOURTH

Of Faith

1. Having shown in the third lecture that correct ideas of the character of God are necessary in order to the exercise of faith in him unto life and salvation, and that without correct ideas of his character, the minds of men could not have sufficient power with God to the exercise of faith necessary to the enjoyment of eternal life, and that correct ideas of his character lay a foundation, as far as his character is concerned, for the exercise of faith so as to enjoy the fullness of the blessing of the gospel of Jesus Christ, even that of Eternal glory, we shall now proceed to show the connection there is between correct ideas of the attributes of God and the exercise of faith in him unto eternal life.

2. Let us here observe that the real design which the God of Heaven had in view in making the human family acquainted with his attributes was that they, through the ideas of the existence of his attributes, might be enabled to exercise faith in him, and through the exercise of faith in him might obtain eternal life. For without the idea of the existence of the attributes which belong to God, the minds of men could not have power to exercise faith on him so as to lay hold upon eternal life. The God of Heaven, understanding most perfectly the constitution of human nature and the weakness of man, knew what was necessary to be revealed and what ideas must be planted in their minds in order that they might be enabled to exercise faith in him unto eternal life.

3. Having said so much, we shall proceed to examine the attributes of God as set forth in his revelations to the human family, and to show how necessary correct ideas of his attributes are to enable men to exercise faith in him. For without these ideas being planted in the minds of men, it would be out of the power of any person or persons to exercise faith in God so as to obtain eternal life. So that the divine communications made to man in the first instance were designed to establish in their minds the ideas necessary to enable them to exercise faith in God, and through this means to be partakers of his glory.

4. We have, in the revelations which he has given to the human family, the following account of his attributes:

5. First, knowledge. Acts 15:18 [Acts 9:8]: Known unto God are all his works from the beginning of the world. Isaiah 46:9,10 [Isa. 15:21]: Remember the former things of old, for I am God and there is none else; I am God, and there is none like me, declaring the end from the beginning and from ancient time the things that are not yet done, saying, My counsel shall stand and I will do all my pleasure.

6. Secondly, faith, or power. Hebrews 11:3 [Heb. 1:36]: Through faith we understand that the worlds were framed by the word of God. Genesis 1:1 [Gen. 2:2]: In the beginning God created the heaven and the earth. Isaiah 14:24,27 [Isa. 6:7]: The Lord of Hosts has sworn, saying, Surely as I have thought, so shall it come to pass, and as I have purposed, so shall it stand. For the Lord of Hosts has purposed, and who shall disannul it? And his hand is stretched out, and who shall turn it back?

7. Thirdly, justice. Psalms 89:14 [Ps. 89:3]: Justice and judgment are the habitation of thy throne. Isaiah 45:21 [Isa. 15:19]: Tell ye, and bring them near, yea, let them take counsel together: who has declared this from the ancient time? Have not I the Lord? And there is no God else beside me, a just God and a Savior. Zephaniah 3:5 [Zeph. 1:10]: The just Lord is in the midst thereof. Zechariah 9:9 [Zech. 1:26]: Rejoice greatly, O daughter of Zion, shout, O daughter of Jerusalem: behold, thy king comes unto thee; he is just and having salvation.

8. Fourthly, judgment. Psalms 89:14 [Ps. 89:3]: Justice and judgment are the habitation of thy throne. Deuteronomy 32:4 [Deut. 9:14]: He is the Rock, his work is perfect; for all his ways are judgment: a God of truth and without iniquity, just and right is he. Psalms 9:7 [Ps. 9:2]: But the Lord shall endure for ever: he has prepared his throne for judgment. Psalms 9:16 [Ps. 9:4]: The Lord is known by the judgment which he executes.

9. Fifthly, mercy. Psalms 89:15 [Ps. 89:3]: Mercy and truth shall go before his face. Exodus 34:6 [Ex. 18:6]: And the Lord passed by before him and proclaimed, The Lord, the Lord God, merciful and gracious. Nehemiah 9:17 [Neh. 2:36]: But thou art a God ready to pardon, gracious and merciful.

10. And sixthly, truth. Psalms 89:14 [Ps. 89:3]: Mercy and truth shall go before thy face. Exodus 34:6 [Ex. 18:6]: Long-suffering and abundant in goodness and truth. Deuteronomy 32:4 [Deut. 9:14]: He is the Rock, his work is perfect; for all his ways are judgment: a God of truth and without iniquity, just and right is he. Psalms 31:5 [Ps. 31:1]: Into thy hand I commit my spirit: thou hast redeemed me, O Lord God of truth.

11. By a little reflection it will be seen that the idea of the existence of these attributes in the Deity is necessary to enable any rational being to exercise faith in him. For without the idea of the existence of these attributes in the Deity men could not exercise faith in him for life and salvation, seeing that without the knowledge of all things, God would not be able to save any portion of his creatures. For it is by reason of the knowledge which he has of all things, from the beginning to the end, that enables him to give that understanding to his creatures, by which they are made partakers of eternal life; and if it were not for the idea existing in the minds of men that God had all knowledge, it would be impossible for them to exercise faith in him.

12. And it is not less necessary that men should have the idea of the existence of the attribute power in the Deity. For unless God had power over all things and was able, by his power, to control all things and thereby deliver his creatures who put their trust in him from the power of all beings that might seek their destruction, whether in Heaven, on earth, or in hell, men could not be saved. But with the idea of the existence of this attribute planted in the mind, men feel as though they had nothing to fear, who put their trust in God, believing that he has power to save all who come to him to the very uttermost.

13. It is also necessary, in order to the exercise of faith in God unto life and salvation, that men should have the idea of the existence of the attribute justice in him. For without the idea of the existence of the attribute justice in the Deity, men could not have confidence sufficiently to place themselves under his guidance and direction, for they would be filled with fear and doubt, lest the Judge of all the earth would not do right; and thus fear, or doubt, existing in the mind, would preclude the possibility of the exercise of faith in him for life and salvation. But when the idea of the existence of the attribute justice in the Deity is fairly planted in the mind, it leaves no room for doubt to get into the heart, and the mind is enabled to cast itself upon the Almighty without fear, and without doubt, and with most unshaken confidence, believing that the Judge of all the earth will do right.

14. It is also of equal importance that men should have the idea of the existence of the attribute judgment in God in order that they may exercise faith in him for life and salvation, for without the idea of the existence of this attribute in the Deity, it would be impossible for men to exercise faith in him for life and salvation, seeing that it is through the exercise of this attribute that the faithful in Christ Jesus are delivered out of the hands of those who seek their destruction. For if God were not to come out in swift judgment against the workers of iniquity and the powers of darkness, his saints could not be saved, for it is by judgment that the Lord delivers his saints out of the hands of all their enemies and those who reject the gospel of our Lord Jesus Christ. But no sooner is the idea of the existence of this attribute planted in the minds of men than it gives power to the mind for the exercise of faith and confidence in God and they are enabled, by faith, to lay hold on the promises which are set before them and wade through all the tribulations and afflictions to which they are subjected by reason of the persecution from those who know not God and obey not the gospel of our Lord Jesus Christ; believing that in due time the Lord will come out in swift judgment against their enemies, and they shall be cut off from before him, and that in his own due time he will bear them off conquerors and more than conquerors in all things.

15. And again, it is equally important that men should have the idea of the existence of the attribute mercy in the Deity in order to exercise faith in him for life and salvation. For without the idea of the existence of this attribute in the Deity, the spirits of the saints would faint in the midst of the tribulations, afflictions, and persecutions which they have to endure for righteousness' sake. But when the idea of the existence of this attribute is once established in the mind, it gives life and energy to the spirits of the saints, believing that the mercy of God will be poured out upon them in the midst of their afflictions, and that he will compassionate them in their sufferings, and that the mercy of God will lay hold of them and secure them in the arms of his love so that they will receive a full reward for all their sufferings.

16 And lastly, but not less important to the exercise of faith in God, is the idea of the existence of the attribute truth in him. For without the idea of the existence of this attribute the mind of man could have nothing upon which it could rest with certainty; all would be confusion and doubt. But with the idea of the existence of this attribute in the Deity in the mind, all the teachings, instructions, promises, and blessings become realities, and the mind is enabled to lay hold of them with certainty and confidence, believing that these things, and all that the Lord has said, shall be fulfilled in their time, and that all the cursings, denunciations, and judgments pronounced upon the heads of the unrighteous will also be executed in due time of the Lord. And by reason of the truth and veracity of him, the mind beholds its deliverance and salvation as being certain.

17. Let the mind once reflect sincerely and candidly upon the ideas of the existence of the before-mentioned attributes in the Deity and it will be seen that, as far as his attributes are concerned, there is a sure foundation laid for the exercise of faith in him for life and salvation. For inasmuch as God possesses the attribute knowledge, he can make all things known to his saints necessary for their salvation. And as he possesses the attribute power, he is able thereby to deliver them from the power of all enemies. And seeing also that justice is an attribute of the Deity, he will deal with them upon the principles of righteousness and equity, and a just reward

will be granted unto them for all their afflictions and sufferings for the truth's sake. And as judgment is an attribute of the Deity also, his saints can have the most unshaken confidence that they will, in due time, obtain a perfect deliverance out of the hands of all their enemies and a complete victory over all those who have sought their hurt and destruction. And as mercy is also an attribute of the Deity, his saints can have confidence that it will be exercised toward them, and through the exercise of that attribute toward them, comfort and consolation will be administered unto them abundantly amid all their afflictions and tribulations. And lastly, realizing that truth is an attribute of the Deity, the mind is led to rejoice amid all its trials and temptations, in hope of that glory which is to be brought at the revelation of Jesus Christ, and in view of that crown which is to be placed upon the heads of the saints in the day when the Lord shall distribute rewards unto them, and in prospect of that Eternal weight of glory which the Lord has promised to bestow upon them when he shall bring them into the midst of his throne to dwell in his presence eternally.

18. In view, then, of the existence of these attributes, the faith of the saints can become exceedingly strong, abounding in righteousness unto the praise and glory of God, and can exert its mighty influence in searching after wisdom and understanding until it has obtained a knowledge of all things that pertain to life and salvation.

19. Such, then, is the foundation which is laid through the revelation of the attributes of God for the exercise of faith in him for life and salvation, and seeing that these are attributes of the Deity, they are unchangeable—being the same yesterday, today, and for ever—which gives to the minds of the Latter Day Saints the same power and authority to exercise faith in God which the Former Day Saints had, so that all the saints, in this respect, have been, are, and will be alike until the end of time, for God never changes, therefore his attributes and character remain for ever the same. And as it is through the revelation of these that a foundation is laid for the exercise of faith in God unto life and salvation, the foundation, therefore, for the exercise of faith was, is, and ever will be the same, so that all men have had and will have an equal privilege.

Lecture Fourth

Questions and Answers on the Foregoing Principles

20. Question 1: What was shown in the third lecture?
Answer: It was shown that correct ideas of the character of God are necessary in order to exercise faith in him unto life and salvation, and that without correct ideas of his character, men could not have power to exercise faith in him unto life and salvation, but that correct ideas of his character, as far as his character is concerned in the exercise of faith in him, lay a sure foundation for the exercise of it (¶1).

21. Question 2: What object had the God of Heaven in revealing his attributes to men?
A: That through an acquaintance with his attributes they might be enabled to exercise faith in him so as to obtain eternal life (¶2).

22. Question 3: Could men exercise faith in God without an acquaintance with his attributes so as to be enabled to lay hold of eternal life?
A: They could not (¶¶2, 3).

23. Question 4: What account is given of the attributes of God in his revelations?
A: First, knowledge, secondly, faith, or power, thirdly, justice, fourthly, judgment, fifthly, mercy, and sixthly truth (¶¶4–10).

24. Question 5: Where are the revelations to be found which give this relation of the attributes of God?
A: In the Old and New Testaments, and they are quoted in the fourth lecture, fifth, sixth, seventh, eighth, ninth, and tenth paragraphs.*

25. Question 6: Is the idea of the existence of those attributes in the Deity necessary in order to enable any rational being to exercise faith in him unto life and salvation?
A: It is.

26. Question 7: How do you prove it?

A: By the eleventh, twelfth, thirteenth, fourteenth, fifteenth, and sixteenth paragraphs in this lecture.*

27. Question 8: Does the idea of the existence of these attributes in the Deity, as far as his attributes are concerned, enable a rational being to exercise faith in him unto life and salvation?
A: It does.

28. Question 9: How do you prove it?
A: By the seventeenth and eighteenth paragraphs.*

29. Question 10: Have the Latter Day Saints as much authority given them, through the revelation of the attributes of God, to exercise faith in him as the Former Day Saints had?
A: They have.

30. Question 11: How do you prove it?
A: By the nineteenth paragraph of this lecture.*

* Let the student turn and commit those paragraphs to memory.

LECTURE FIFTH

Of Faith

1. In our former lectures we treated of the being, character, perfections, and attributes of God. What we mean by perfections is: the perfections which belong to all the attributes of his nature. We shall, in this lecture, speak of the Godhead: we mean the Father, Son, and holy spirit.

2. There are two personages who constitute the great matchless, governing, and supreme power over all things—by whom all things were created and made, that are created and made, whether visible or invisible, whether in Heaven, on earth, or in the earth, under the earth, or throughout the immensity of space—they are the Father and the Son: the Father being a personage of spirit, glory, and power: possessing all perfection and fullness; the Son, who was in the bosom of the Father, a personage of tabernacle, made or fashioned like unto man, or being in the form and likeness of man, or rather, man was formed after his likeness and in his image—he is also the express image and likeness of the personage of the Father, possessing all the fullness of the Father, or the same fullness with the Father, being begotten of him, and was ordained from before the foundation of the world to be a propitiation for the sins of all those who should believe on his name, and is called the Son because of the flesh—and descended in suffering below that which man can suffer, or in other words, suffered greater sufferings and was exposed to more powerful contradictions than any man can be. But notwithstanding all this, he kept the law of God and remained without sin, showing thereby that it is in the power of man to keep the law and remain also without sin. And also, that by him a righteous judgment might come upon all flesh, and that all who walk not in the law of God may justly be condemned by the law and have no excuse for their sins. And he being the Only Begotten of the Father, full of grace and truth, and having overcome, received a fullness of the glory of the Father—possessing the same mind with the Father, which mind is the holy spirit that bears record of the Father and the Son, and these three are one, or in other words, these three constitute the great matchless, governing, and supreme power over all things, by whom all things were created and made

that were created and made. And these three constitute the Godhead and are one: the Father and the Son possessing the same mind, the same wisdom, glory, power, and fullness, filling all in all—the Son being filled with the fullness of the mind, glory, and power, or in other words, the spirit, glory, and power of the Father—possessing all knowledge and glory, and the same kingdom: sitting at the right hand of power, in the express image and likeness of the Father—a mediator for man—being filled with the fullness of the mind of the Father, or in other words, the spirit of the Father, which spirit is shed forth upon all who believe on his name and keep his commandments. And all those who keep his commandments shall grow up from grace to grace and become heirs of the Heavenly kingdom and joint-heirs with Jesus Christ, possessing the same mind, being transformed into the same image or likeness, even the express image of him who fills all in all: being filled with the fullness of his glory, and become one in him, even as the Father, Son, and holy spirit are one.

3. From the foregoing account of the Godhead which is given in his revelations, the saints have a sure foundation laid for the exercise of faith unto life and salvation through the atonement and mediation of Jesus Christ, by whose blood they have a forgiveness of sins and also a sure reward laid up for them in Heaven, even that of partaking of the fullness of the Father and the Son through the spirit. As the Son partakes of the fullness of the Father through the spirit, so the saints are, by the same spirit, to be partakers of the same fullness, to enjoy the same glory, for as the Father and the Son are one, so in like manner the saints are to be one in them: through the love of the Father, the mediation of Jesus Christ, and the gift of the holy spirit they are to be heirs of God and joint-heirs with Jesus Christ.

Questions and Answers on the Foregoing Principles

4. Question 1: Of what do the foregoing lectures treat?
Answer: Of the being, perfections, and attributes of the Deity (¶1).

5. Question 2: What are we to understand by the perfections of the Deity?

A: The perfections which belong to his attributes.

6. Question 3: How many personages are there in the Godhead?
A: Two: the Father and the Son (¶1).

7. Question 4: How do you prove that there are two personages in the Godhead?
A: By the Scriptures: Genesis 1:26 [Gen. 2:8]: And the Lord God said unto the Only Begotten, who was with him from the beginning, Let us make man in our image, after our likeness—and it was done. Genesis 3:22 [Gen. 2:19]: And the Lord God said unto the Only Begotten, Behold, the man is become as one of us: to know good and evil. John 17:5 [John 9:19]: And now, O Father, glorify thou me with thine own self with the glory which I had with thee before the world was (¶2)

8. Question 5: What is the Father?
A: He is a personage of glory and of power (¶2).

9. Question 6: How do you prove that the Father is a personage of glory and of power?
A: Isaiah 60:19 [Isa. 22:1]: The sun shall be no more thy light by day, neither for brightness shall the moon give light unto thee: but the Lord shall be unto thee an everlasting light, and thy God thy glory. 1 Chronicles 29:11 [1 Chr. 12:12]: Thine, O Lord, is the greatness, and the power, and the glory. Psalms 29:3 [Ps. 29:1]: The voice of the Lord is upon the waters: the God of glory thunders. Psalms 79:9 [Ps. 79:3]: Help us, O God of our salvation, for the glory of thy name. Romans 1:23 [Rom. 1:4]: And changed the glory of the incorruptible God into an image made like to corruptible men.

10. Secondly, of power. 1 Chronicles 29:11 [1 Chr. 12:12]: Thine, O Lord, is the greatness, and the power, and the glory. Jeremiah 32:17 [Jer. 13:3]: Ah! Lord God, behold, thou hast made the earth and the heavens by thy great power and stretched-out arm; and there is nothing too hard for thee. Deuteronomy 4:37 [Deut. 2:7]: And because he loved thy fathers, therefore he chose their seed after them and brought them out in his sight with his mighty power. 2 Samuel 22:33 [2 Sam. 10:9]: God is my strength and power. Job

26:7–14 [Job 10: 3–4]: He stretches out the north over the empty place, and hangs the earth upon nothing. He binds up the waters in his thick clouds and the cloud is not rent under them. He holds back the face of his throne and spreads his cloud upon it. He has compassed the waters with bounds until the day and night come to an end. The Pillars of Heaven tremble and are astonished at his reproof. He divides the sea with his power and by his understanding he smites through the proud. By his spirit he has garnished the heavens; his hand has formed the crooked serpent. Lo, these are parts of his ways, but how little a portion is heard of him? But the thunder of his power, who can understand?

11. Question 7: What is the Son?
A: First, He is a personage of tabernacle (¶2).

12. Question 8: How do you prove it?
A: John 14:9–11 [John 9:7]: Jesus says unto him, Have I been so long time with you and yet have you not known me, Philip? He that has seen me has seen the Father. And how do you say then, Show us the Father? Do you not believe that I am in the Father and the Father in me? The words that I speak unto you I speak not of myself, but the Father that dwells in me. He does the works. Believe me that I am in the Father and the Father in me.

13. Secondly, and being a personage of tabernacle was made or fashioned like unto man, or being in the form and likeness of man (¶2). Philippians 2:5–8 [Phil. 1:7]: Let this mind be in you which was also in Christ Jesus, who, being in the form of God, thought it not robbery to be equal with God, but made himself of no reputation, and took upon him the form of a servant, and was made in the likeness of man. And being found in fashion as a man, he humbled himself and became obedient unto death, even the death of the cross. Hebrews 2:14, 16 [Heb. 1:5]: Forasmuch then as the children are partakers of flesh and blood, he also himself likewise took part of the same. For verily he took not on him the nature of angels, but he took on him the seed of Abraham.

14. Thirdly, he is also in the likeness of the personage of the Father (¶2) Hebrews 1:1–3 [Heb. 1:1]: God, who at sundry times and in

divers manners spake in time past to the fathers by the prophets, has in these last days spoken unto us by his Son, whom he has appointed heir of all things, by whom also he made the worlds, who being the brightness of his glory and the express image of his person. Again, Philippians 2:5–6 [Phil. 1:7]: Let this mind be in you which was also in Christ Jesus, who, being in the form of God, thought it not robbery to be equal with God.

15. Question 9: Was it by the Father and the Son that all things were created and made that were created and made?
A: It was. Colossians 1:15–17 [Col. 1:3–4]: Who is the image of the invisible God, the firstborn of every creature, for by him were all things created that are in heaven, and that are in earth, visible and invisible, whether they be thrones, or dominions, principalities, or powers. All things were created by him and for him, and he is before all things, and by him all things consist. Genesis 1:1 [Gen. 2:2]: In the beginning God created the heavens and the earth. Hebrews 1:2 [Heb. 1:1]: God has in these last days spoken unto us by his Son, whom he has appointed heir of all things, by whom also he made the worlds.

16. Question 10: Does he possess the fullness of the Father?
A: He does. Colossians 1:19 [Col. 1:4]: For it pleased the Father that in him should all fullness dwell. Colossians 2:9 [Col. 1:7]: For in him dwells all the fullness of the Godhead bodily. Ephesians 1:23 [Eph. 1:3]: Which is his [Christ's] body, the fullness of him that fills all in all.

17. Question 11: Why was he called the Son?
A: Because of the flesh. Luke 1:35 [Luke 1:6]: That holy thing which shall be born of thee shall be called the Son of God. Matthew 3:16–17 [Matt. 2:4]: And Jesus, when he was baptized, went up straightway out of the water. And lo, the Heavens were opened unto him, and he (John) saw the spirit of God descending like a dove and lighting upon him, and lo, a voice from Heaven saying, This is my Beloved Son, in whom I am well pleased.

18. Question 12: Was he ordained of the Father, from before the foundation of the world, to be a propitiation for the sins of all those who should believe on his name?
A: He was. 1 Peter 1:18–20 [1 Pet. 1:4]: For as much as you know that you were not redeemed with corruptible things, as silver and gold, from your vain conversation (received by tradition from your fathers), but with the precious blood of Christ, as of a lamb without blemish and without spot, who verily was foreordained before the foundation of the world, but was manifested in these last times for you. Revelation 13:8 [Rev. 4:8]: And all that dwell upon the earth shall worship him [the beast] whose names are not written in the book of life of the Lamb slain from the foundation of the world. 1 Corinthians 2:7 [1 Cor. 1:7]: But we speak the wisdom of God in a mystery, even the hidden mystery which God ordained before the world unto our glory.

19. Question 13: Do the Father and the Son possess the same mind?
A: They do. John 5:30 [John 5:5]: I (Christ) can of my own self do nothing. As I hear, I judge, and my judgment is just, because I seek not my own will, but the will of the Father who sent me. John 6:38 [John 5:14]: For I (Christ) came down from Heaven not to do my own will, but the will of him that sent me. John 10:30 [John 6:29]: I (Christ) and my Father are one.

20. Question 14: What is this mind?
A: The holy spirit. John 15:26 [John 9:13]: But when the Comforter is come, whom I will send unto you from the Father, even the spirit of truth which proceeds from the Father, he shall testify of me (Christ). Galatians 4:6 [Gal. 1:13]: And because you are sons, God has sent forth the spirit of his Son into your hearts.

21. Question 15: Do the Father, Son, and holy spirit constitute the Godhead?
A: They do (¶2) Let the student commit this paragraph to memory.

22. Question 16: Does the believer in Christ Jesus, through the gift of the spirit, become one with the Father and the Son, as the Father and the Son are one?

A: They do. John 17:20–21 [John 9:21]: Neither pray I for these [the apostles] alone, but for them also who shall believe on me through their word, that they all may be one as thou, Father, art in me, and I in thee, that they also may be one in us, that the world may believe that thou hast sent me.

23. Question 17: Does the foregoing account of the Godhead lay a sure foundation for the exercise of faith in him unto life and salvation?
A: It does.

24. Question 18: How do you prove it?
A: By the third paragraph of this lecture.

Let the student commit this also.

LECTURE SIXTH

Of Faith

1. Having treated, in the preceding lectures, of the ideas of the character, perfections, and attributes of God, we next proceed to treat of the knowledge which persons must have that the course of life which they pursue is according to the will of God, in order that they may be enabled to exercise faith in him unto life and salvation.

2. This knowledge supplies an important place in revealed religion, for it was by reason of it that the ancients were enabled to endure as seeing him who is invisible. An actual knowledge to any person that the course of life which he pursues is according to the will of God is essentially necessary to enable him to have that confidence in God, without which no person can obtain eternal life. It was this that enabled the ancient saints to endure all their afflictions and persecutions and to take joyfully the spoiling of their goods, knowing (not believing merely) that they had a more enduring substance (Hebrews 10:34) [Heb. 1:34].

3. Having the assurance that they were pursuing a course which was agreeable to the will of God, they were enabled to take not only the spoiling of their goods and the wasting of their substance joyfully, but also to suffer death in its most horrid forms, knowing (not merely believing) that when this earthly house of their tabernacle was dissolved, they had a building of God, a house not made with hands, eternal in the Heavens (2 Corinthians 5:1) [2 Cor. 1:15].

4. Such was and always will be the situation of the saints of God: that unless they have an actual knowledge that the course that they are pursuing is according to the will of God, they will grow weary in their minds and faint, for such has been and always will be the opposition in the hearts of unbelievers and those that know not God, against the pure and unadulterated religion of Heaven (the only thing which ensures eternal life), that they will persecute to the uttermost all that worship God according to his revelations, receive the truth in the love of it, and submit themselves to be guided and directed by his will, and drive them to such extremities

that nothing short of an actual knowledge of their being the favorites of Heaven, and of their having embraced that order of things which God has established for the redemption of man, will enable them to exercise that confidence in him necessary for them to overcome the world and obtain that crown of glory which is laid up for them that fear God.

5. For a man to lay down his all, his character and reputation, his honor and applause, his good name among men, his houses, his lands, his brothers and sisters, his wife and children, and even his own life also, counting all things but filth and dross for the excellency of the knowledge of Jesus Christ, requires more than mere belief, or supposition that he is doing the will of God, but actual knowledge, realizing that when these sufferings are ended he will enter into Eternal rest and be a partaker of the glory of God.

6. For unless a person does know that he is walking according to the will of God, it would be offering an insult to the dignity of the Creator were he to say that he would be a partaker of his glory when he should be done with the things of this life. But when he has this knowledge, and most assuredly knows that he is doing the will of God, his confidence can be equally strong that he will be a partaker of the glory of God.

7. Let us here observe that a religion that does not require the sacrifice of all things never has power sufficient to produce the faith necessary unto life and salvation. For from the first existence of man, the faith necessary unto the enjoyment of life and salvation never could be obtained without the sacrifice of all earthly things: it was through this sacrifice, and this only, that God has ordained that men should enjoy eternal life, and it is through the medium of the sacrifice of all earthly things that men do actually know that they are doing the things that are well pleasing in the sight of God. When a man has offered in sacrifice all that he has for the truth's sake, not even withholding his life, and believing before God that he has been called to make this sacrifice because he seeks to do his will, he does know most assuredly that God does and will accept his sacrifice and offering, and that he has not nor will not seek his face in vain.

Under these circumstances, then, he can obtain the faith necessary for him to lay hold on eternal life.

8. It is in vain for persons to fancy to themselves that they are heirs with those, or can be heirs with them, who have offered their all in sacrifice, and by this means obtained faith in God and favor with him so as to obtain eternal life, unless they in like manner offer unto him the same sacrifice, and through that offering obtain the knowledge that they are accepted of him.

9. It was in offering sacrifices that Abel, the first martyr, obtained knowledge that he was accepted of God. And from the days of righteous Abel to the present time, the knowledge that men have that they are accepted in the sight of God is obtained by offering sacrifice. And in the last days, before the Lord comes, he is to gather together his saints who have made a covenant with him by sacrifice. Psalms 50:3–5 [Ps. 50:1]: Our God shall come and shall not keep silence. A fire shall devour before him and it shall be very tempestuous round about him. He shall call to the heavens from above and to the earth that he may judge his people. Gather my saints together unto me, those that have made a covenant unto me by sacrifice.

10. Those, then, who make the sacrifice will have the testimony that their course is pleasing in the sight of God, and those who have this testimony will have faith to lay hold on eternal life and will be enabled, through faith, to endure unto the end and receive the crown that is laid up for them that love the appearing of our Lord Jesus Christ. But those who do not make the sacrifice cannot enjoy this faith because men are dependent upon this sacrifice in order to obtain this faith, therefore they cannot lay hold upon eternal life because the revelations of God do not guarantee unto them the authority so to do, and without this guarantee faith could not exist.

11. All the saints of whom we have account in all the revelations of God which are extant obtained the knowledge which they had of their acceptance in his sight through the sacrifice which they offered unto him, and through the knowledge thus obtained, their faith became sufficiently strong to lay hold upon the promise of

eternal life, and to endure as seeing him who is invisible, and were enabled through faith to combat the powers of darkness, contend against the wiles of the adversary, overcome the world, and obtain the end of their faith, even the salvation of their souls.

12. But those who have not made this sacrifice to God do not know that the course which they pursue is well-pleasing in his sight, for whatever may be their belief or their opinion, it is a matter of doubt and uncertainty in their mind, and where doubt and uncertainty is, there faith is not, nor can it be. For doubt and faith do not exist in the same person at the same time. So that persons whose minds are under doubts and fears cannot have unshaken confidence, and where unshaken confidence is not, there faith is weak, and where faith is weak, the persons will not be able to contend against all the opposition, tribulations, and afflictions which they will have to encounter in order to be heirs of God and joint-heirs with Christ Jesus, and they will grow weary in their minds, and the adversary will have power over them and destroy them.

13. This lecture is so plain, and the facts set forth so self-evident, that it is deemed unnecessary to form a catechism upon it. The student is therefore instructed to commit the whole to memory.

LECTURE SEVENTH

Of Faith

1. In the preceding lectures we treated of what faith was and of the object on which it rested; agreeably to our plan we now proceed to speak of its effects:

2. As we have seen in our former lectures, that faith was the principle of action and of power in all intelligent beings, both in Heaven and on earth, it will not be expected that we will, in a lecture of this description, attempt to unfold all its effects; neither is it necessary to our purpose so to do, for it would embrace all things in Heaven and on earth, and encompass all the creations of God with all their endless varieties. For no world has yet been framed that was not framed by faith, neither has there been an intelligent being on any of God's creations who did not get there by reason of faith as it existed in himself or in some other being, nor has there been a change or a revolution in any of the creations of God but it has been effected by faith. Neither will there be a change or a revolution unless it is effected in the same way in any of the vast creations of the Almighty, for it is by faith that the Deity works.

3. Let us here offer some explanation in relation to faith that our meaning may be clearly comprehended. We ask, then: What are we to understand by a man's working by faith? We answer: We understand that when a man works by faith, he works by mental exertion instead of physical force; it is by words, instead of exerting his physical powers with which every being works, when he works by faith—God said, Let there be light, and there was light—Joshua spake and the great lights which God had created stood still—Elijah commanded and the heavens were stayed for the space of three years and six months so that it did not rain; he again commanded and the heavens gave forth rain—all this was done by faith; and the Savior says, If you have faith as a grain of mustard seed, say to this mountain, Remove—and it will remove, or say to that sycamine tree, Be ye plucked up and planted in the midst of the sea—and it shall obey you. Faith, then, works by words, and with these its mightiest works have been and will be performed.

4. It surely will not be required of us to prove that this is the principle upon which all eternity has acted and will act, for every reflecting mind must know that it is by reason of this power that all the hosts of Heaven perform their works of wonder, majesty, and glory: Angels move from place to place by virtue of this power—it is by reason of it that they are enabled to descend from Heaven to earth. And were it not for the power of faith, they never could be ministering spirits to them who should be heirs of salvation, neither could they act as Heavenly messengers, for they would be destitute of the power necessary to enable them to do the will of God.

5. It is only necessary for us to say that the whole visible creation, as it now exists, is the effect of faith—it was faith by which it was framed, and it is by the power of faith that it continues in its organized form, and by which the planets move round their orbits and sparkle forth their glory. So then faith is truly the first principle in the science of theology, and when understood, leads the mind back to the beginning and carries it forward to the end, or in other words, from eternity to eternity.

6. As faith, then, is the principle by which the Heavenly hosts perform their works and by which they enjoy all their felicity, we might expect to find it set forth in a revelation from God as the principle upon which his creatures here below must act in order to obtain the felicities enjoyed by the saints in the Eternal world, and that when God would undertake to raise up men for the enjoyment of himself, he would teach them the necessity of living by faith and the impossibility there was of their enjoying the blessedness of eternity without it, seeing that all the blessings of eternity are the effects of faith.

7. Therefore, it is said, and appropriately too, that without faith it is impossible to please God. If it should be asked, Why is it impossible to please God without faith?—the answer would be, Because without faith it is impossible for men to be saved. And as God desires the salvation of man, he must of course desire that they should have faith, and he could not be pleased unless they had, or else he could be pleased with their destruction.

8. From this we learn that the many exhortations, which have been given by inspired men to those who had received the word of the Lord to have faith in him, were not mere commonplace matters, but were for the best of all reasons, and that was because without it there was no salvation—neither in this world nor in that which is to come. When men begin to live by faith they begin to draw near to God. And when faith is perfected, they are like him; and because he is saved, they are saved also, for they will be in the same situation he is in because they have come to him; and when he appears, they shall be like him, for they will see him as he is.

9. As all the visible creation is an effect of faith, so is salvation also (we mean salvation in its most extensive latitude of interpretation, whether it is temporal or spiritual). In order to have this subject clearly set before the mind, let us ask: What situation must a person be in in order to be saved? Or what is the difference between a saved man and one who is not saved? We answer from what we have before seen of the Heavenly worlds: They must be persons who can work by faith and who are able, by faith, to be ministering spirits to them who shall be heirs of salvation. And they must have faith to enable them to act in the presence of the Lord, otherwise they cannot be saved. And what constitutes the real difference between a saved person and one not saved is the difference in the degree of their faith—one's faith has become perfect enough to lay hold upon eternal life and the other's has not. But to be a little more particular, let us ask: Where shall we find a prototype into whose likeness we may be assimilated, in order that we may be made partakers of life and salvation? Or in other words, where shall we find a saved being? For if we can find a saved being, we may ascertain without much difficulty what all others must be in order to be saved—they must be like that individual or they cannot be saved. We think that it will not be a matter of dispute that two beings who are unlike each other cannot both be saved, for whatever constitutes the salvation of one will constitute the salvation of every creature which will be saved. And if we find one saved being in all existence, we may see what all others must be or else not be saved. We ask, then: Where is the prototype? Or where is the saved being? We conclude as to the answer of this question there will be no dispute among those who believe the Bible that it is Christ. All will agree in this, that he is the

prototype or standard of salvation, or in other words, that he is a saved being. And if we should continue our interrogation, and ask how it is that he is saved, the answer would be, because he is a just and holy being. And if he were anything different from what he is he would not be saved, for his salvation depends on his being precisely what he is and nothing else. For if it were possible for him to change in the least degree, so sure he would fail of salvation and lose all his dominion, power, authority, and glory, which constitutes salvation. For salvation consists in the glory, authority, majesty, power, and dominion which Jehovah possesses, and in nothing else, and no being can possess it but himself or one like him. Thus says John in his first epistle, 3:2,3 [1 John 1:13]: Behold, now we are the sons of God, and it doth not appear what we shall be; but we know that when he shall appear we shall be like him, for we shall see him as he is. And any man that has this hope in him purifies himself, even as he is pure. Why purify himself as he is pure? Because if they do not, they cannot be like him.

10. The Lord said unto Moses, Leviticus 19:2 [Lev. 9:1]: Speak unto all the congregation of the children of Israel and say unto them, Ye shall be holy, for I the Lord your God am holy. And Peter says, first epistle, 1:15,16 [1 Pet. 1:3]: But as he who has called you is holy, so be ye holy in all manner of conversation, because it is written: Be ye holy, for I am holy. And the Savior says, Matthew 5:48 [Matt. 3:26]: Be ye perfect, even as your Father who is in Heaven is perfect. If any should ask, Why all these sayings?—the answer is to be found from what is before quoted from John's epistle, that when he (the Lord) shall appear, the saints will be like him, and if they are not holy as he is holy, and perfect as he is perfect, they cannot be like him, for no being can enjoy his glory without possessing his perfections and holiness, no more than they could reign in his kingdom without his power.

11. This clearly sets forth the propriety of the Savior's saying, recorded in John's testimony, 14:12 [John 9:7]: Verily, verily I say unto you, he that believeth on me, the works that I do shall he do also, and greater works than these, because I go unto the Father. This, taken in connection with some of the sayings in the Savior's prayer, recorded in the 17th chapter, gives great clearness to his

expressions. He says, in the 20–24 [John 9:21]: Neither pray I for these alone, but for them also who shall believe on me through their words, that they all may be one as thou, Father, art in me and I in thee, that they also may be one in us, that the world may believe that thou hast sent me. And the glory which thou gavest me I have given them, that they may be one even as we are one—I in them and thou in me—that they may be made perfect in one, and that the world may know that thou hast sent me, and hast loved them as thou hast loved me. Father, I will that they also, whom thou hast given me, be with me where I am, that they may behold my glory which thou hast given me, for thou lovedst me before the foundation of the world.

12. All these sayings, put together, give as clear an account of the state of the glorified saints as language could give—the works that Jesus did they were to do, and greater works than those which he did among them should they do, and that because he went to the Father. He does not say that they should do these works in time, but they should do greater works because he went to the Father. He says, in the 24th verse [John 9:21]: Father, I will that they also, whom thou hast given me, be with me where I am, that they may behold my glory. These sayings, taken in connection, make it very plain that the greater works which those that believed on his name were to do were to be done in eternity where he is going and where they should behold his glory. He had said in another part of his prayer that he desired of his Father that those who believed on him should be one in him, as he and the Father were one in each other: Neither pray I for these (the apostles) alone, but for them also who shall believe on me through their words, that they all may be one. That is, they who believe on him through the apostles' words, as well as the apostles themselves: that they all may be one, as thou, Father, art in me and I in thee, that they also may be one in us.

13. What language can be plainer than this? The Savior surely intended to be understood by his disciples, and he so spake that they might understand him. For he declares to his Father in language not to be easily mistaken that he wanted his disciples, even all of them, to be as himself and the Father: for as he and the Father were one, so they might be one with them. And what is said

in the 22nd verse [John 9:20] is calculated to more firmly establish this belief, if it needs anything to establish it. He says, And the glory which thou gavest me, I have given them, that they may be one even as we are one. As much as to say that unless they have the glory which the Father had given him, they could not be one with them, for he says he had given them the glory that the Father had given him, that they might be one, or in other words, to make them one.

14. This fills up the measure of information on this subject and shows most clearly that the Savior wished his disciples to understand that they were to be partakers with him in all things, not even his glory excepted.

15. It is scarcely necessary here to observe what we have previously noticed, that the glory which the Father and the Son have is because they are just and holy beings, and that if they were lacking in one attribute or perfection which they have, the glory which they have never could be enjoyed by them, for it requires them to be precisely what they are in order to enjoy it. And if the Savior gives this glory to any others, he must do it in the very way set forth in his prayer to his Father: by making them one with him as he and the Father are one. In so doing he would give them the glory which the Father has given him; and when his disciples are made one with the Father and the Son, as the Father and the Son are one, who cannot see the propriety of the Savior's saying, The works which I do shall they do, and greater works than these shall they do, because I go to the Father?

16. These teachings of the Savior most clearly show unto us the nature of salvation, and what he proposed unto the human family when he proposed to save them: that he proposed to make them like unto himself, and he was like the Father, the great prototype of all saved beings. And for any portion of the human family to be assimilated into their likeness is to be saved, and to be unlike them is to be destroyed. And on this hinge turns the door of salvation.

17. Who cannot see, then, that salvation is the effect of faith? For as we have previously observed, all the Heavenly beings work by this principle, and it is because they are able so to do that they are saved,

for nothing but this could save them. And this is the lesson which the God of Heaven, by the mouth of all his holy prophets, has been endeavoring to teach to the world. Hence we are told that without faith it is impossible to please God, and that the salvation is of faith, that it might be by grace, to the end the promise might be sure to all the seed (Romans 4:16) [Rom. 1:20]—And that Israel, who followed after the law of righteousness, has not attained to the law of righteousness. Wherefore? Because they sought it not by faith, but as it were by the works of the law, for they stumbled at that stumbling stone (Romans 9:32) [Rom. 1:45]. And Jesus said unto the man who brought his son to him to get the devil who tormented him cast out, If thou canst believe, all things are possible to him that believeth (Mark 9:23) [Mark 5:9]. These, with a multitude of other scriptures which might be quoted, plainly set forth the light in which the Savior, as well as the Former Day Saints, viewed the plan of salvation, that it was a system of faith—it begins with faith and continues by faith. And every blessing which is obtained in relation to it is the effect of faith, whether it pertains to this life or that which is to come. To this all the revelations of God bear witness. If there were children of promise, they were the effects of faith, not even the Savior of the world excepted: Blessed is she that believed, said Elizabeth to Mary when she went to visit her, for there shall be a performance of the things which were told her of the Lord (Luke 1:45) [Luke 1:7]. Nor was the birth of John the Baptist the less a matter of faith, for in order that his father Zacharias might believe he was struck dumb. And through the whole history of the scheme of life and salvation, it is a matter of faith: every man received according to his faith—according as his faith was, so were his blessings and privileges, and nothing was withheld from him when his faith was sufficient to receive it. He could stop the mouths of lions, quench the violence of fire, escape the edge of the sword, wax valiant in fight, and put to flight the armies of the aliens; women could, by their faith, receive the dead children to life again—in a word, there was nothing impossible with them who had faith. All things were in subjection to the Former Day Saints according as their faith was—by their faith they could obtain Heavenly visions, the ministering of angels, have knowledge of the spirits of just men made perfect, of the general assembly and church of the Firstborn (whose names are written in Heaven), of God, the judge of all, of

Jesus, the Mediator of the new covenant, and become familiar with the third Heavens, see and hear things which were not only unutterable, but were unlawful to utter. Peter, in view of the power of faith, 2nd epistle, 1:2–3 [2 Pet. 1:1] says to the Former Day Saints, Grace and peace be multiplied unto you through the knowledge of God and of Jesus our Lord, according as his divine power hath given unto us all things that pertain unto life and godliness, through the knowledge of him that has called us unto glory and virtue. In the first epistle, 1:3–5 [1 Pet. 1:2] he says, Blessed be the God and Father of our Lord Jesus Christ, who according to his abundant mercy has begotten us again unto a lively hope by the resurrection of Jesus Christ from the dead to an inheritance incorruptible, and undefiled, and that fadeth not away, reserved in Heaven for you who are kept by the power of God through faith unto salvation, ready to be revealed in the last time.

18. These sayings, put together, show the Apostle's views most clearly, so as to admit of no mistake on the mind of any individual. He says that all things that pertain to life and godliness were given unto them through the knowledge of God and our Savior Jesus Christ. And if the question is asked: How were they to obtain the knowledge of God? (for there is a great difference between believing in God and knowing him—knowledge implies more than faith; and notice that all things that pertain to life and godliness were given through knowledge of God)—the answer is given: Through faith they were to obtain this knowledge; and having power by faith to obtain the knowledge of God, they could with it obtain all other things which pertain to life and godliness.

19. By these sayings of the Apostle we learn that it was by obtaining a knowledge of God that men got all things which pertain to life and godliness, and this knowledge was the effect of faith. So that all things which pertain to life and godliness are the effects of faith.

20. From this we may extend as far as any circumstances may require, whether on earth or in Heaven, and we will find it the testimony of all inspired men or Heavenly messengers that all things that pertain to life and godliness are the effects of faith and nothing else: all learning, wisdom, and prudence fail, and

everything else as a means of salvation but faith. This is the reason that the fishermen of Galilee could teach the world—because they sought by faith and by faith obtained. And this is the reason that Paul counted all things but filth and dross—what he formerly called his gain he called his loss; yea, and he counted all things but loss for the excellency of the knowledge of Christ Jesus the Lord (Philippians 3:7-10) [Phil. 1:12]. Because, to obtain the faith by which he could enjoy the knowledge of Christ Jesus the Lord, he had to suffer the loss of all things. This is the reason that the Former Day Saints knew more and understood more of Heaven and of Heavenly things than all others beside, because this information is the effect of faith—to be obtained by no other means. And this is the reason that men, as soon as they lose their faith, run into strifes, contentions, darkness, and difficulties. For the knowledge which tends to life disappears with faith, but returns when faith returns, for when faith comes, it brings its train of attendants with it—apostles, prophets, evangelists, pastors, teachers, gifts, wisdom, knowledge, miracles, healings, tongues, interpretation of tongues, etc. All these appear when faith appears on the earth and disappear when it disappears from the earth. For these are the effects of faith, and always have and always will attend it. For where faith is, there will the knowledge of God be also, with all things which pertain thereto—revelations, visions, and dreams, as well as every other necessary thing, in order that the possessors of faith may be perfected and obtain salvation. For God must change, otherwise faith will prevail with him. And he who possesses it will, through it, obtain all necessary knowledge and wisdom until he shall know God and the Lord Jesus Christ whom he has sent, whom to know is eternal life. Amen.

Appendix: Chronology of the Fathers

www.ingramcontent.com/pod-product-compliance
Lightning Source LLC
Chambersburg PA
CBHW072016110526
44592CB00012B/1328